BEI GRIN MACHT SICH IHR WISSEN BEZAHLT

- Wir veröffentlichen Ihre Hausarbeit,
  Bachelor- und Masterarbeit

- Ihr eigenes eBook und Buch -
  weltweit in allen wichtigen Shops

- Verdienen Sie an jedem Verkauf

Jetzt bei www.GRIN.com hochladen und kostenlos publizieren

Günther Wenzel

Fehlerkultur im Arbeitskontext: Aus Fehlern lernen

Examicus Verlag

Bibliografische Information der Deutschen Nationalbibliothek:

Bibliografische Information der Deutschen Nationalbibliothek: Die Deutsche Bibliothek verzeichnet diese Publikation in der Deutschen Nationalbibliografie; detaillierte bibliografische Daten sind im Internet über http://dnb.d-nb.de/ abrufbar.

Dieses Werk sowie alle darin enthaltenen einzelnen Beiträge und Abbildungen sind urheberrechtlich geschützt. Jede Verwertung, die nicht ausdrücklich vom Urheberrechtsschutz zugelassen ist, bedarf der vorherigen Zustimmung des Verlages. Das gilt insbesondere für Vervielfältigungen, Bearbeitungen, Übersetzungen, Mikroverfilmungen, Auswertungen durch Datenbanken und für die Einspeicherung und Verarbeitung in elektronische Systeme. Alle Rechte, auch die des auszugsweisen Nachdrucks, der fotomechanischen Wiedergabe (einschließlich Mikrokopie) sowie der Auswertung durch Datenbanken oder ähnliche Einrichtungen, vorbehalten.

Copyright © 2012 GRIN Verlag GmbH
Druck und Bindung: Books on Demand GmbH, Norderstedt Germany
ISBN: 978-3-656-98285-2

http://www.examicus.de/e-book/201743/fehlerkultur-im-arbeitskontext-aus-fehlern-lernen

Examicus - Verlag für akademische Texte

Der Examicus Verlag mit Sitz in München hat sich auf die Veröffentlichung akademischer Texte spezialisiert.

Die Verlagswebseite www.examicus.de ist für Studenten, Hochschullehrer und andere Akademiker die ideale Plattform, ihre Fachtexte, Studienarbeiten, Abschlussarbeiten oder Dissertationen einem breiten Publikum zu präsentieren.

Fehlerkultur im Arbeitskontext:

Aus Fehlern lernen

Bachelorarbeit 1

im

Studiengang

Studiengang Betriebswirtschaft & Wirtschaftspsychologie

an den

Ferdinand Porsche Fernfachhochschulstudiengängen

Ing. Günther Wenzel

Februar 2012

Zusammenfassung

Im betriebswirtschaftlichen Umfeld sind Fehler bzw. deren Folgen unvermeidliche Realität. Zumeist werden diese nur als ausschließlich negative Ereignisse betrachtet, doch ermöglichen Umdenkprozesse auch die positiven Seiten zu nutzen und Organisationen in Richtung „Lernen aus Fehlern" zu verändern. Denn ein konstruktiver Fehlerumgang korreliert positiv mit der Unternehmensleistung.

Auf Basis einer Literaturanalyse gibt die Arbeit einen Überblick hinsichtlich Fehlerdefinitionen und -klassifikationen, sowie individuelle und kollektive Einflüsse auf den Fehlerumgang im Arbeitskontext. Ein diesbezügliches Verständnis lässt Fehler als Lerngelegenheiten erkennen und führt zu einer positiven Fehlerkultur.

Als Voraussetzung wird die gemeinsame Fehlersicht aller Organisationsmitglieder herausgearbeitet; um aus Fehlern zu lernen, müssen sie allgemein als solche erkannt werden. Darüber hinaus wird auch die wesentliche Bedeutung und Verantwortung von Führungskräften aufgezeigt, denen es letztendlich obliegt, Bedingungen für ein Lernen aus Fehlern, sowie ein lernförderliches Arbeitsumfeld zu schaffen.

Stichwörter

Fehler, Lernen aus Fehlern, Fehlerkultur, Arbeitskontext, Fehlermanagement, Fehlerumgang, Fehlerbewältigung, Fehlerfreundlichkeit, Lerngelegenheit.

Inhaltsverzeichnis

1. Einleitung

1.1. Problemstellung und Zielsetzung

Fehler sind im menschlichen Erleben und Verhalten allgegenwärtig, manifestieren sich im Volksmund in Floskeln wie „Irren ist menschlich" oder „Aus Fehlern wird man klug". Die Psychologie erklärt den Fehler zum Alltagsphänomen, beispielhaft sind die Bereiche Lernen (z.B. Versuch und Irrtum) und Entscheiden (z.B. Entscheidungen unter Unsicherheit) genannt. Doch im gesellschaftlichen Verständnis negativ behaftet, werden Fehler von Kindheit an mit Attributen wie Schwäche und Schuld verbunden. Das perfektionistische Leistungsstreben unserer Zeit erklärt Fehlerfreiheit zur Maxime.

Im betrieblichen Kontext sind Fehler natürlich ein Ärgernis; sie führen zu Arbeitsunterbrechungen, Zeitverlust, Frustration und teils gravierenden Konsequenzen für Individuen und Organisationen; sie als negativ zu betrachten und in erster Tendenz vermeiden zu wollen, ist daher nachvollziehbar (Keith & Frese, 2008, S.59). Fehler sind im Wirtschaftsleben oftmals noch ein Tabu, sie werden als negatives Pendant zur Leistung betrachtet. Doch nicht zu akzeptieren, dass Fehler laufend auftreten, ist bereits ein Fehler. Schätzungen sprechen davon, dass jeder/jedem, über alle betrieblichen Hierarchiestufen hinweg, zwei bis fünf Fehler pro Stunde und Handlungsbereich unterlaufen, vom unwesentlichen Grammatik- bis zum Entscheidungsfehler mit weitreichenden Konsequenzen (Grosse-Halbuer, 2006, S.2). Die rasant zunehmende Dynamik, Komplexität und Vernetzung der heutigen Zeit erschwert ein fehlerfreies Handeln zunehmend. *„Die Erfahrung des Fehlermachens wird allgegenwärtig* (Weingardt, 2004, S.213)."

Die Sinnhaftigkeit der Beschäftigung mit Fehlern, ergibt sich dabei aus deren Folgen. Fehleranalyse im Kontext der Arbeits- und Organisationspsychologie wird daher seit längeren in Bereichen der Unfallforschung, der Steuerung großtechnischer Anlagen, im Straßenverkehr, im Management, aber auch in alltäglicher Büroarbeit betrieben (Zapf, Frese & Brodbeck, 1999, S.398). Fehler verursachen Aufwände, diese reichen vom Verlust an Zeit und Geldwerten bis zur Gefahr für Leib und Leben (z.B. in Hochrisikoindustrien). Als Bespiel schätzt die deutsche Baubranche die Fehlerkosten für 2010 auf 5% des Jahresumsatzes bzw. ca. 5,9 Mrd.€ (BauInfoConsult GmbH, 2011). Doch wenn Führungskräfte der Meinung sind, Fehler seien etwas Schlechtes, aber man könne ja ganz leicht durch etwas Nachdenken aus ihnen lernen, ist dies bereits fehlerbehaftet. Die Einstellung zu Fehlern darf nicht grundsätzlich negativ sein und Lernen aus Fehlern ist keine Selbstverständlichkeit, es muss gefordert und gefördert werden. Der Verantwortung von leitenden Mitarbeitern und Mitarbeiterinnen obliegt es die organisationalen Voraussetzungen bzw. eine Kultur zu schaffen, die Fehler als Lerngelegenheiten erkennen und nutzen lässt (Edmondson, 2011, S.29-30).

Diese spezifische Anforderung an Führungskräfte und Management wirft nachfolgende Fragen auf, die im Zuge dieser Arbeit beantwortet werden sollen:

- *Wie manifestieren sich Fehler und Fehlerkultur in wirtschaftlichen Organisationen?*
- *Worauf ist zu achten, um im Sinne einer konstruktiven Fehlerkultur die Möglichkeit zu schaffen aus Fehlern zu lernen?*

1.2. Methodik und Aufbau der Arbeit

Die Methodik dieser Arbeit beruht auf der Durchführung einer intensiven Literaturrecherche konzept- und datenbezogener Fachliteratur rund um die Themen Fehler, Fehlerkultur und Lernen aus Fehlern. Diese systematische Analyse wissenschaftlicher Literatur dient dem Aufbau und der Entwicklung einer Wissensbasis mit dem Ziel die gestellten Forschungsfragen im Rahmen der Verschriftlichung zu beantworten.

Berücksichtigt wird öffentlich zugängliche Literatur (Monographien, Sammelwerke, Lehrbücher, Fachzeitschriften und -artikel), überwiegend aus den Disziplinen Psychologie, Pädagogik und Wirtschaft.

Der erste Teil der Arbeit (Kapitel 2) soll den Fehlerbegriff an sich definieren und abgrenzen. Es wird die Frage erörtert, was als Fehler gilt, wie er beschrieben und klassifiziert werden kann - v.a. mit Bezug auf den Arbeitskontext. Darüber hinaus werden die positiven Folgen von Fehlern - der Fehler als Lerngelegenheit - betrachtet und grundsätzlich erhoben, ob und wie aus Fehlern gelernt werden kann. Dies führt zur Feststellung, welche Begrifflichkeit dieser Arbeit zugrunde liegt.

Der dritte Abschnitt dient der Darstellung des Umgangs mit Fehlern in betriebswirtschaftlichen Organisationen. Dabei wird zwischen der (individuellen) Personenperspektive, sowie der (kollektiven) Organisationssicht unterschieden. Darauf aufbauend wird die Fehlerkultur als grundlegender Einflussfaktor der Fehlerbewältigung dargelegt, sowie ein Überblick über praxisbezogene Erhebungsmethoden und Instrumentarien geboten.

Kapitel 4 erläutert Bedingungen, die ein Lernen aus Fehlern ermöglichen und fördern, sowie die Merkmale einer lernförderlichen Fehlerkultur bzw. Umgebung und bietet so die grundlegende Informationen für Führungsverantwortliche, um im Sinne einer konstruktiven Fehlerkultur die Möglichkeit zu schaffen aus Fehlern zu lernen. Dieser Punkt wird im letzten Kapitel zusammengefasst und andiskutiert.

2. Fehlerbegriff

2.1. Definition und Abgrenzung

2.1.1. Allgemeine Begriffsbestimmung

Fehler sind Bestandteil der „conditio humana" - die Bedingung der Natur des Menschen. Im Gegensatz zur Technik ist der Mensch nicht dafür geschaffen, dauerhaft fehlerfrei zu funktionieren. Ungeachtet seinem Streben nach Perfektion, ist eine tägliche Auseinandersetzung mit Fehlern unumgänglich (Glazinski & Wiedensohler, 2004, S.12). Oftmals werden in verschiedenen Kontexten und Disziplinen synonyme Ausdrücke verwendet; Irrtum, Defekt, Mangel, Schwachpunkt, Unrichtigkeit, Verfehlung, Sünde oder Inkorrektheit sind Beispiele uneinheitlich verwendeter Begriffe, die sich nur in Nuancen differenzieren.

Grundsätzlich ist der Fehlerbegriff im allgemeinen Sprachgebrauch zwar intuitiv verständlich, jedoch fällt es nachvollziehbar schwer eine klar strukturierte und allgemein gültige Definition zu verbalisieren (Zapf et al., 1999, S.398). Der Duden, als Standnachschlagewerk deutscher Sprache, beschreibt den Fehler als *„etwas, was falsch ist, vom Richtigen abweicht; Unrichtigkeit"* bzw. *„irrtümliche Entscheidung, Maßnahme; Fehlgriff"* (Duden online, 2011). Hier ist bereits eine Differenzierung in der Begrifflichkeit erkennbar: Erstgenanntes charakterisiert einen Zustand, Zweitgenanntes eine Handlung. Eine fehlerhafte Handlung führt jedoch nicht zwangsläufig zu einem fehlerbehafteten Ergebnis, da sie zwischenzeitlich noch korrigiert werden könnte.

Im Kontext von Organisationen bieten Standardisierungen oftmals eine Lösung. Gemäß ÖNORM EN ISO 9000:2005 Ziffer 3.6.2 (Qualitätsmanagementsysteme - Grundlagen und Begriffe) ist ein Fehler die *„Nichterfüllung einer Anforderung"*. Normen gelten als allgemein gültiges Bezugssystem, durch deren Anwendung u.a. Handlungen als richtig und falsch bewertet werden können. Sie beschreiben eine generelle Erwartung, antizipieren das Ergebnis und definieren so jegliche Abweichungen als unerwünschte Nichtkonformität. Im Sinne des Qualitätsmanagements verursachen Fehler Kosten und müssen daher gelenkt, korrigiert und vorgebeugt werden. Diese Begriffsbestimmung beschreibt jedoch eine sehr starre Definition und führt dadurch zu einem sehr breiten Fehlerbegriff. Wesentliche Abgrenzungen zu sinnverwandten Differenzierungen (z.B. absichtliche Regelverletzung oder Irrtum durch Unwissenheit) bleiben unberücksichtigt.

Definitionen im Bereich der Handlungs- und Kognitionspsychologie ermöglichen bereits eine erweiterte Differenzierung. Voraussetzungen eines Fehlers sind demnach zielorientiertes Verhalten, Zielverfehlung und eine potentiell mögliche Vermeidung (Zapf et al., 1999, S.398). Das Setzen bewusster Handlungen, ein definiertes Ziel, sowie die mögliche Einflussnahme auf Fehlerumstände grenzen den Fehlerbegriff zu sonstigen Fehlleistungen eindeutig ab; unwillkürliches Verhalten, zielloses Herumprobieren oder unbeeinflussbare äußere Umstände führen damit nicht zu einem Fehler. In der Literatur finden sich für den betrieblichen Kontext weitere Charakteristika des Fehlerkonzeptes. Wesentliche Kriterien sind demnach das Auftreten im Arbeitsumfeld, die Beurteilung der Abweichung durch Menschen mit Kompetenz und Expertise, der Zeitpunkt dieser Beurteilung, sowie die negativen Folgen für die Organisation. Damit wird einerseits die Bedeutung des Wissens um die Handlung des/der Ausführenden, aber auch des/der Bewertenden hervorgehoben – so werden Zielverfehlungen auf Grund von Ausbildungs- oder Wissensdefiziten nicht als Fehler klassifiziert - andererseits wird der Bewertungszeitpunkt als wichtiges Merkmal i.S.v. Fehler als (noch reversible) Handlung oder Zustand festgelegt. Allgemein festzuhalten ist, dass Kriterien einer Fehlerbeurteilung einem stetigen Wandel hinsichtlich gesellschaftlicher, technologischer und ethnischer Werte unterliegen (Stollfuß, Sieweke, Mohe & Gruber , 2011, S.5).

Den Versuch eine interdisziplinäre Fehlerdefinition bzw. Rahmentheorie des Fehlers zu schaffen beschreibt nachfolgende Betrachtung (Weingardt, 2004, S.234):

> *„Als Fehler bezeichnet ein Subjekt angesichts einer Alternative jene Variante, die von ihm - bezogen auf einen damit korrelierenden Kontext und ein spezifisches Interesse - als so ungünstig beurteilt wird, dass sie unerwünscht erscheint."*

Diese Begriffsbestimmung hat Gültigkeit für sämtliche Fehlerarten und -situationen in personalen und systemischen Bereichen und basiert auf den Aspekten Urteil, Alternative und Kontext (Weingardt, 2004, S.233-235). Das Urteil ist immer Ergebnis eines subjektiven Wahrnehmungs-, Analyse- und Bewertungsvorgangs. Es muss zumindest eine Alternative vorhanden sein, die als wünschenswerter erachtet wird. Dem perfektionistischen Denken, dass es stets eine richtige und eine falsche Lösung gibt wird widersprochen; in der Realität kommt es zu Abstufungen von optimalen, suboptimalen und unerwünschten Varianten (Weingardt, 2004, S.241-242). Der Kontext ermöglicht erst das Fehlerurteil, da er die Bezugspunkte liefert. In der dynamischen Komplexität heutiger Systeme müssen diese Bewertungen immer wieder aufs Neue adaptiert werden (Weingardt, 2004, S.233).

2.1.2. Definition im Arbeitskontext

Unternehmen sind komplexe soziale Gebilde, in denen Fehler zwar unerwünscht, praktisch aber unvermeidbar sind. Die grundsätzliche Klärung, was ein Fehler ist, ist Herausforderung und Voraussetzung für einen lernförderlichen Umgang, sowie die Entwicklung einer lernförderlichen Fehlerkultur.

Im betrieblichen Kontext führen die Differenzierung in folgende Ebenen zu Fehlerbeschreibungen und Erkennen deren Problematik (Harteis, Bauer, Festner, Gruber & Heid, 2005, S.3; Harteis, Bauer & Heid, 2006, S.113):

Inhaltliche Ebene	→	Was wird als Fehler bezeichnet?
Normative Ebene	→	Weswegen wird etwas als Fehler bezeichnet?
Personale Ebene	→	Wer bezeichnet etwas als Fehler?
Aktionale Ebene	→	Was sind Fehlerursachen und -konsequenzen?

2.1.2.1. Inhaltliche Ebene

Um Fehler im positiven Sinne als Ressourcen zu nutzen ist es unumgänglich eindeutig zu klären, worin diese bestehen. Allgemein interpretiert sind Fehler Abweichungen von einem Bezugssystem. Fehler sind eine wertende Zuschreibung zu einem Sachverhalt oder Vorgang, sie sind keinesfalls gegenständlicher Natur. Jegliche Fehlerkategorie ist ein subjektives durch Bewertungsmaßstäbe eingestuftes Beobachtungsobjekt (Harteis et al., 2005, S.4; Harteis et al., 2006, S.114).

2.1.2.2. Normative Ebene

Fehler sind eine Bewertung auf Grund einer Relation zwischen einem beobachteten Zustand bzw. einer Handlung und einem Normsystem. Da handelnde und bewertende Person in der Regel nicht dieselbe sind, können auch die jeweils verwendeten normativen Bezugsysteme unterschiedlich, sogar unvereinbar sein (Harteis et al., 2005, S.4-5; Harteis et al., 2006, S.115).

2.1.2.3. Personale Ebene

Durch Hierarchien in der Organisationsstruktur eines Unternehmens ist anzunehmen, dass handelnde und einen Fehler bewertende Person nicht dieselbe sind. Um ein allgemein akzeptiertes Urteil zu erlangen, müssen die Kriterien der Legitimität (Fähigkeit und Zuständigkeit) und der Transparenz erfüllt werden. Deutungsspielräume sind zu vermeiden (Harteis et al., 2005, S.5; Harteis et al., 2006, S.115).

2.1.2.4. Aktionale Ebene

Ursachen und Konsequenzen von Fehlern sind Umstände, die hinsichtlich Fehlerbewertung eine gesteigerte Bedeutung aufweisen. Die Verantwortung der ausführenden Person hinsichtlich Kontrolle über die Handlungssituation, Vorhersehbarkeit bzw. Vermeidbarkeit des Fehlers, Bestand individuellen deklarativen und prozeduralen Wissens und das Vorhandensein realisierbarer Handlungsalternativen ist zu erörtern. Konsequenzen werden auf Grund ihrer Gewichtung klassifiziert. Kleinere Abweichungen ohne nennenswerte Folgen sind von Auswirkungen mit hoher Bedeutung zu unterscheiden (Harteis et al., 2005, S.5-6; Harteis et al., 2006, S.115-116).

2.2. Klassifizierungen von Fehlern

2.2.1. Allgemeine Unterscheidungen

Die Systematisierung von Fehlern variiert in Abhängigkeit der angewandten Disziplin. Eine Einteilung kann rein deskriptiv oder auf Basis der Fehlerursachen durchgeführt werden (Glazinski & Wiedensohler, 2004, S.70-71). Die Erfordernis einer Differenzierung der Fehlertypen ergibt sich aus einem nachfolgenden (erfolgreichen) Fehlermanagement. Im Idealfall sollen alle Umstände, die zum Fehlerauftritt beigetragen haben in eine systematische und ganzheitliche Betrachtung und Bewertung mit einbezogen werden.

Hinsichtlich Erkenntnisgewinn kann sinnvolles und unsinniges Fehlermachen unterschieden werden (Oser, Hascher & Spychinger, 1999, S.20). Unsinnige Fehler erfahren keinen Lerneffekt und werden immer wieder durchlaufen. Sinnvolle Fehler hingegen führen zum Beherrschen einer Tätigkeit, sowie zum Wissen über richtig und falsch. Durch einen erfolgreich durchlaufenen Lernprozess können zukünftige Fehler dies nicht mehr gefährden.

In der Literatur findet sich häufig die Differenzierung in aktive und latente Fehler (Reason, 2000, S.768). Aktive Fehler entsprechen menschlichen Handlungen im direkten Kontakt mit dem System. Sie haben leicht erkennbare Auswirkungen und führen zu ungewollten Ergebnissen. Da die Zuordnung zur handelnden Person leicht fällt, bedeuten sie zumeist negative Konsequenzen für diese, obwohl die Kausalität oftmals zeitlich vor dem Fehler liegt. Sie treten in verschiedensten Formen als Ausrutscher (slips = eine richtige Maßnahme wird versehentlich falsch ausgeführt), Aussetzer (lapse = eine Fehler auf der Speicherungsebene), Fehler (mistake = eine falsche Maßnahme wird bewusst ausgeführt) oder Regelverletzung (violation = bewusste Abweichung) in Erscheinung (Glazinski & Wiedensohler, 2004, S.74). Latente Fehler sind systemimmanent und oftmals verborgen. Erst im Zusammentreffen mit zusätzlichen auslösenden Faktoren kommt ihr Einfluss zum Vorschein. Sie begründen sich in strategischen Planungen und Entscheidungen von übergeordneten Institutionen - z.B. Gesetzgeber, Management, Designer. Im Gegensatz zu aktiven Fehlern können sie jedoch proaktiv gefunden und behoben werden. Ein Beispiel hierfür sind falsch dimensionierte Schrauben, die die Dachkonstruktion trotzdem jahrelang tragen; erst bei einer überdurchschnittlichen Schneelast wird der latente Fehler offensichtlich und das Dach stürzt ein (Mistele, 2007, S.40).

2.2.2. Fehlerursachen und -entstehung

Das Personen-Modell stellt das Individuum als Verursacher in den Mittelpunkt. Fehlerursachen werden lediglich in der handelnden Person selbst gesucht, um diese öffentlich zu sanktionieren, denn es ist emotional befriedigender Menschen bloßzustellen, als gesichtslose Institutionen. Die mangelnde Differenzierung hinsichtlich Schwere, sowie die Negierung der System-Verantwortung sind Schwachpunkte dieses Ansatzes (Reason, 2000, S.768-769).

In der Grundannahme des System-Modells sind Fehler natürlich und zu erwarten. Ihre Ursachen liegen aber nicht so sehr in der menschlichen Natur, als eher in systemischen Faktoren. Als Gegenmaßnahme soll nicht versucht werden den Menschen zu ändern, sondern seine Arbeitsumgebung. Um Fehler abzuwenden, sollen Systeme mit mehrstufigen Sicherheitseinrichtungen Vorkehrungen treffen. Dennoch können Komplikationen eintreten (Reason, 2000, S.768).

Das Swiss-Cheese-Modell (Abbildung 1) zeigt, wie trotz sequentieller Barrieren das Zusammenwirken von Fehlervorstufen und komplementären Sicherheitslücken zu einem aktiven Fehler führen. Die einzelnen Sicherheitsvorkehrungen (Käsescheiben) können personeller (z.B. speziell geschultes Personal, Doppelbesetzungen) oder technischer (z.B. Automatismen, physische Barrieren) Natur sein und sollen potentielle Gefahren abwenden. Durch aktives Versagen (z.B. menschliches Handeln) und latente Systembedingungen sind sie aber teilweise durchlässig - analog dem Schweizer Käse (Reason, 2000, S.769).

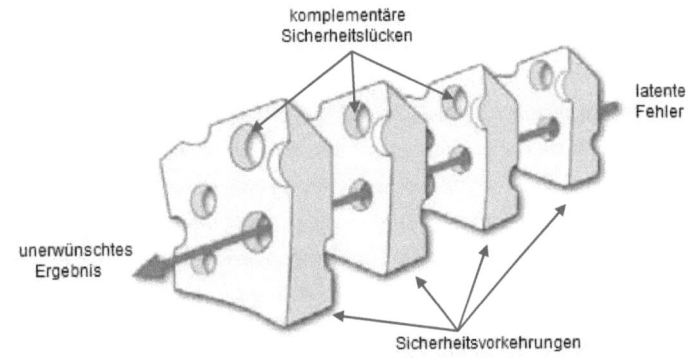

Abb. 1: Swiss-Cheese-Modell (modifiziert nach Reason, 2000, S.769)

Das Eisberg-Modell (Abbildung 2) beschreibt die Tatsache sogenannter Fehlervorstufen (Staender, 2001, S.3). Fehler dürfen in komplexen Organisationen nicht ausschließlich als Fehlverhalten Einzelner in Bezug auf einen gescheiterten Prozess oder eine unrichtige Handlung gewertet werden. Vielmehr sind auch unerwünschte Ereignisse zu berücksichtigen, die in abgestufter Form das wahrscheinliche Auftreten von Fehlern potentiell begünstigen (Glazinski & Wiedensohler, 2004, S.57).

Kritische Ereignisse (incidents) sind gefährliche Situationen hervorgerufen durch den Faktor Mensch, Technik, System, Umgebung oder einer komplexen Kombination dieser (threats). Versagen bzw. existieren keine Abwehrmechanismen, so können diese Ereignisse im ungünstigsten Fall zu aktiven Fehlern führen. Funktionieren aber vorhandene Bewältigungsstrategien bzw. -mechanismen, so kann dieser Umstand noch abgewendet werden und man spricht von einer Beinahe-Komplikation (near miss) (Staender, 2001, S.3-4).

Abb. 2: Eisberg-Modell der Fehlervorstufen und Fehler (modifiziert nach Staender, 2001, S.3)

9

Das Modell fasst diese Vorstufen grafisch in Pyramidenform zusammen, wobei der Bedrohungscharakter des Ereignisses mit der Höhe zunimmt, sich die Wahrscheinlichkeit eines Auftritts jedoch verringert. Wie bei einem Eisberg ragt nur die Spitze, die Komplikationen (aktive Fehler), weithin sichtbar über die Wasseroberfläche hinaus (Glazinski & Wiedensohler, 2004, S.59). Fehlervorstufen treten weitaus öfters auf als aktive Fehler; es wird geschätzt, dass einer Komplikation 300 kritische Ereignisse vorangehen (Glazinski & Wiedensohler, 2004, S.98). Für ein erfolgreiches Fehlermanagement müssen potentielle Fehler daher bereits an der Basis erfasst und korrigiert werden (Glazinski & Wiedensohler, 2004, S.61).

2.2.3. Handlungstheoretische Taxonomie im Arbeitskontext

Eine Fehlerdifferenzierung ist zumeist pragmatisch begründet und ergibt sich aus dem Verwendungszweck. Taxonomien, die auch Rückschlüsse auf psychologische Bedingungen der Fehlerentstehung zulassen sind grundsätzlich vorteilhaft, da daraus konkrete Handlungsanleitungen abzuleiten sind (Zapf et al., 1999, S.400). Eine für den beruflichen Kontext anwendbare und sinnvolle Fehlerklassifikation differenziert Fehler handlungstheoretisch anhand der Schritte im Handlungsprozess, sowie der Ebenen der Handlungsregulation (Frese & Zapf, 1994, S.288-291; Zapf et al., 1999, S.401-405).

Die Handlungstheorie (Hacker, 1998) beschreibt die Arbeit und Arbeitstätigkeit, es geht um die Frage wie Menschen durch konkretes Handeln ihre Ziele anstreben und erreichen. Das implizite Wissen des/der Ausführenden um Ziele, Zielerreichung und Umweltbedingungen ist das Operative Abbildsystem und entspricht einer gedanklichen Verarbeitung und Strukturierung der Aufgabe und des Ziels als Regulationsgrundlage, die jeglicher motorischen Handlung vorangeht. Der Handlungsprozess wird in eine psychische Struktur zerlegt, die die Hauptbestandteile Entwurf von Handlungsprogrammen, Entscheidungen über Mittel und Weg, sowie Kontrolle von Soll-Ist-Divergenzen umfasst. Die Tätigkeiten selbst erfolgen auf drei hierarchisch-sequentiellen Regulationsebenen. Die sensumotorische Ebene bildet die Basis und beinhaltet alle Tätigkeiten, die unbewusst bzw. ohne kognitive Leistung ablaufen; sie zeichnet sich z.B. für die Steuerung automatisierter Bewegungen verantwortlich. Die perzeptiv-begriffliche Ebene darüber fokussiert auf Sprache und Signale, es werden z.B. flexible Handlungsgrundmuster und Ablaufpläne aus dem Gedächtnis abgerufen. Auf der höchsten Ebene, der intellektuellen Regulationsebene erfolgt die Verarbeitung von komplexen und neuartigen Handlungen, Pläne und alternative

Problemlösungsszenarien werden antizipiert und entworfen. Auf dieser Ebene ist es dem Menschen möglich, eigene Handlungen zu reflektieren, zu überwachen und gegebenenfalls zu korrigieren.

Abbildung 3 erläutert die handlungstheoretische Fehlertaxonomie im Detail.

Regulationsgrundlage	Wissensfehler					
	Schritte im Handlungsprozess					
Regulationsebenen	Zielentwicklung und -entscheidung	Informationsaufnahme und Integration	Prognose	Planentwicklung und -entscheidung	Monitoring (Gedächtnis)	Feedback
Intellektuelle Regulationsebene	Zielsetzungsfehler	Zuordnungsfehler	Prognosefehler	Denkfehler	Merk- und Vergessensfehler	Urteilsfehler
Ebene der flexiblen Handlungsmuster	Gewohnheitsfehler				Unterlassungsfehler	Erkennensfehler
Sensumotorische Regulationsebene	Bewegungsfehler					

Abb. 3: Handlungstheoretische Fehlertaxonomie (Zapf et al., 1999, S.402)

Fehler in der Regulationsgrundlage betreffen nicht vorhandenes oder abrufbares Wissen; fehlt die kognitive Grundlage für einen Prozessschritt ist eine Zielerreichung nicht zu bewerkstelligen (Zapf et al., 1999, S.401).

Die intellektuelle Regulationsebene birgt die Gefahr einer Vielzahl an Fehlern, denen das bewusste Behandeln von unbekannten Problemen gemein ist. Ursachen hierfür finden sich in der heutigen Informationskomplexität und der Tatsache, dass der zur Verfügung stehenden Kapazität Grenzen gesetzt sind - so kann z.B. das Arbeitsgedächtnis Informationen nur in beschränkter Anzahl gleichzeitig verarbeiten (Frese, Irmer & Prümper, 1991, S.249). Zielsetzungsfehler führen zu einer falschen Zieldefinition; Zuordnungsfehler entstehen unter der Verwendung nicht adäquater Informationen; ändern sich Systeme ohne Zutun des/der Handelnden, können Prognosefehler auftreten; Denkfehler entstehen durch Entwicklung fehlerhafter Pläne auf Basis korrekten Wissens; erfordert eine Aufgabe eine Informationsspeicherung im Gedächtnis über einen bestimmten Zeitraum kann dies zu Merk- und Vergessensfehlern führen; von Urteilsfehlern spricht man, wenn Handlungsrückmeldungen falsch interpretiert werden (Zapf et al., 1999, S.402-405).

Üblicherweise gut beherrschte Handlungen führen in der Ebene der flexiblen Handlungsmuster zu Fehlern. Routine führt zu Gewohnheitsfehlern, wenn die Handlung nicht situationsadäquat ist; von Unterlassungsfehlern spricht man, wenn Handlungsschritte nicht ablaufkonform durchgeführt werden; bei Erkennensfehlern werden Rückmeldungen der Umwelt nicht korrekt verarbeitet (Zapf et al., 1999, S.405).

11

Auf der sensumotorischen Regulationsebene sind automatisierte, oftmals unbewusst ausgeführte Handlungen und Routinetätigkeiten potentielle Fehlerquellen (Zapf et al., 1999, S.405).

Aus der Sicht des/der Ausführenden kommt es bei geringer Expertise v.a. zu Wissensfehlern im weitesten Sinne (z.B. ineffizientes Verhalten durch fehlendes Wissen). Bei unbekannten bzw. ungeübten Handlungen treten vermehrt Fehler der intellektuellen Ebene auf. Steigt die Expertise häufen sich auch Fehler auf der Ebene der flexiblen Handlungsmuster und sensumotorischen Regulationsebene. Bestimmte Fehlertypen sind also an einen bestimmten Grad der Expertise gebunden (Prümper, 1991, S.120).

2.3. Positive Funktionen von Fehlern - Fehler als Lernanlass

Fehler sind in ihrer Bewertung zumeist negativ besetzt, ihnen haftet das Stigma des Versagens an; dies ist jedoch nur eine sehr einseitige Betrachtung (Zapf et al., 1999, S.400). Der Fehlerursprung findet sich dabei häufig in funktionalen Prozessen menschlicher Informationsverarbeitung. Aber Menschen bleiben (im Gegensatz zu Maschinen) auch bei unvollständiger und sich widersprechender Informationslage komplexer Situationen einsatzbereit, wenngleich auch mit einem Fehlerrisiko behaftet (Zapf et al., 1999, S.400).

Fehler können in komplexen Organisationen niemals völlig vermieden werden. Sie ermöglichen aber als positive Konsequenz eine Lernchance für das Unternehmen und begünstigen kreatives Handeln und Veränderung (Bauer, Festner, Harteis & Gruber, 2003, S.3; Van Dyck, Frese, Baer & Sonnentag, 2005, S.1228; Rybowiak, Garst, Frese & Batinic, 1999, S.528). Sie führen dazu, sich mit der Situation auseinanderzusetzen; Lernprozesse sind die logische Folge (Zapf et al., 1999, S.400). In der Vergangenheit war die „Lernchance Fehler" in der einschlägigen Literatur jedoch nur vereinzelt anzutreffen, erst in der jüngeren Zeit vollzieht sich ein Umdenken in Arbeitswelt und Schule (Mindnich, Wuttke & Seifried, 2008, S.153). Das zwangsläufige Auftreten akzeptierend, sollten Fehler daher nicht als unerwünschte Zwischenfälle versteckt und verschwiegen, sondern als Möglichkeit produktiven Lernens verstanden werden. Diese Gesinnung hat auch positiven Einfluss auf Organisationen selbst (Harteis, Bauer & Gruber, 2008, S.3).

Doch aus welchen Gründen sollte überhaupt der Aufwand betrieben werden aus Fehlern lernen zu wollen? Potentielle positive Konsequenzen finden sich im Umstand, dass nachfolgende Fehler gleicher Art zukünftig vermieden werden können. In der modernen Arbeitswelt bereiten Dezentralisierung, Deregulierung, permanenter Wandel und Entscheidungen unter Unsicherheit den Nährboden für Fehler. Daraus zu lernen ist daher sogar Bedingung, um diese nicht zu wiederholen (Harteis et al., 2006, S.124). Zusätzlich sind Fehler Basis für Innovation und Kreativität, wenn sie (wie beispielsweise auch in den Management-Disziplinen „Total Quality Management" oder „Six Sigma") als Aufforderung zur Verbesserung verstanden werden (Harteis et al., 2008, S.7). Innovation fördert auch die Überlebensfähigkeit eines Unternehmens. Da dies aber bedeutet sich auf Neues und Unbekanntes einzulassen, ist dieser Prozess immer risiko- und damit fehlerbehaftet (Schüttelkopf, 2009, S.14). In Studien wurden die grundsätzlichen Möglichkeiten aus Fehlern im Arbeitsalltag zu lernen aufgezeigt (Harteis et al., 2008, S.20).

Lernen bedeutet aktiven Wissens- und Erfahrungserwerb. Machen Lernende Fehler, erhalten sie Informationen über ihre Schwächen und Mängel, erfahren ihre Grenzen und es bietet sich die Möglichkeit diese Fehler nicht mehr zu wiederholen (Oser et al., 1999, S.12). Der betriebswirtschaftliche Arbeitskontext wird jedoch nicht primär als Lernort verstanden, vielmehr stehen ökonomische Ziele im Vordergrund (z.B. Gewinn- und Nutzenmaximierung). Aus dieser Perspektive sind Fehler unbedingt zu vermeidende Ereignisse, in der Praxis jedoch nicht zu verhindern. Vermeidung allein ist nicht zielführend, eine erweiterte Bewältigungsstrategie ist erforderlich (Harteis et al., 2006, S.111; Seyfried & Baumgartner, 2009, S.1). Daher sind Lernprozesse für einen langfristigen Unternehmenserfolg unumgänglich (Bauer et al., 2003, S.11). In betriebswirtschaftlichen Organisationen sollte Lernen aus Fehlern als Verpflichtung verstanden werden, sich mit eigenen oder fremden Fehlern zu beschäftigen und den Wissensaufbau zu fördern (Harteis et al., 2008, S.7). Denn die Entwicklung hin zu einer lernenden Organisation unterstützt Unternehmen und Beschäftigte gleichermaßen , zukünftige schwer zu antizipierende Anforderungen zu bewältigen (Harteis et al., 2006, S.111) und auftretende Fehlerquellen und -bedingungen zu reduzieren (Hartmann, Brentel & Rohn, 2006, S.50). So wird in Hochrisiko-Organisationen das Lernen aus Fehlern mit vorausschauenden Handeln gleichgesetzt (Weick & Sutcliffe, 2010, S.15).

Das Lernpotential eines Fehlers (Abbildung 4) ist einerseits abhängig von der gewährten Aufmerksamkeit, andererseits vom zu erwartenden Kosten-Nutzen-Verhältnis und ergibt einen U-förmigen Zusammenhang (Seyfried & Baumgartner, 2009, S.3).

Um einen Fehler als Lernsituation wahrzunehmen, ist es erforderlich die Situation als subjektive bedeutsam wahrzunehmen, sowie den zu erwartenden Nutzen höherwertig als die zu investierenden Kosten anzusetzen. Dann kann sich eine motivationale

Grundlage für Reflexionsprozesse bilden (Harteis et al., 2008, S.6; Seyfried & Baumgartner, 2009, S.4).

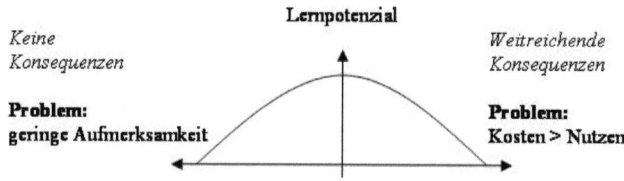

Abb. 4: Lernpotential aus Fehlern (Seyfried & Baumgartner, 2009, S.3)

In Bezug auf die handlungstheoretische Fehlertaxonomie beinhalten wissensbasierte Fehler ein höheres Lernpotential als handlungsbasierte (Seyfried & Baumgartner, 2009, S.4; Bauer, Gartmeier & Harteis, 2010, S.9). Nachfolgend werden zwei psychologische Modelle fehlerbedingten Lernens erläutert.

2.3.1. Lernen aus Erfahrung

Handlungsorientiertes Wissen wird im episodischen Gedächtnis als sogenannte Skripts abgespeichert. Sind diese in einer bestimmten Situation nicht erfolgreich, kommt es zum Aufbau, der Verfeinerung und Modifizierung dieses Wissens auf Basis der neuen Erfahrungen. Kolodner (1983) nannte diesen Vorgang Modell des dynamischen Wissens. Schlagen vorhandene Sequenzen fehl und wird dies als Fehler erkannt, muss eine Reflexion durchgeführt werden, um daraus zu lernen. Analysen bezüglich Ursachen und Handlungsalternativen erweitern das vorhandene Skript und helfen gleiche Fehler zukünftig zu vermeiden (Bauer et al., 2003, S.5-6; Bauer et al., 2010, S.11; jeweils zitiert nach Kolodner, 1983).

2.3.2. Lernen durch den Aufbau von Negativem Wissen

Negatives Wissen wird durch Lernen des Gegenteils vom Richtigen aufgebaut (Oser & Spychinger, 2005, S.18). Es ist Abgrenzungswissen, das aufzeigt wie etwas nicht ist (negativ deklarativ), nicht funktioniert (negativ prozedural), nicht zum Ziel führt (negativ strategisch) oder warum bestimmte Zusammenhänge nicht stimmen (negativ Schemata-orientiert). Negatives Wissen wird durch Fehler erworben und bietet zukünftig in ähnlichen Situation Schutz vor einer Wiederholung (Oser & Spychinger, 2005, S.26-27). Die Situation muss aber nicht selbst verursacht werden, das Wissen kann auch aus Erzählungen oder Beobachtungen von z.B. Kollegen und Kolleginnen oder aus antizipierten Handlungsplänen stammen (Gartmeier, Gruber & Heid, 2010, S.6). Doch nicht jede negative Erfahrung führt zum Aufbau und Speicherung von Negativem Wissen, Fehler führen nicht automatisch zu Lernsituationen und Wissenserwerb. Einsicht der/des Handelnden ist ein wichtiger Faktor zum Aufbau dieser Schutzfunktion (Oser & Spychinger, 2005, S.28). Piloten und Pilotinnen üben antizipierbare Problemsituationen im sicheren Umfeld des Flugsimulators, um im Ernstfall korrekt zu handeln und katastrophale Konsequenzen abzuwenden (Oser & Spychinger, 2005, S.43).

2.4. Problematik des Fehlerbegriffs

Die umfangreichen Ausführungen dieses Kapitels offenbaren die grundlegende Bedeutung aber auch das Dilemma der Fehlerdefinition. Denn erst wenn ein Fehler auch als solcher wahrgenommen wird, kann ein konstruktiver Bewältigungsprozess erfolgen (Harteis et al., 2005, S.8; Harteis et al., 2006, S.124) und frühzeitige Fehlererkennung und -bewältigung führt zur Ersparnis an Zeit und Kosten (Schüttelkopf, 2009, S.14).

Gerade in betrieblichen Kontexten ist eine gemeinschaftliche Fehlersicht ein Wettbewerbsvorteil, der mithilft den wirtschaftlichen Erfolg und das Überleben des Unternehmens langfristig zu sichern. Fehler zu reduzieren führt zu einer höheren Zuverlässigkeit (Zapf et al., 1999, S.399) und damit zu einer besseren Planbarkeit des Unternehmensgeschehens. Die Entwicklung dieses kollektiven Verständnisses variiert jedoch individuell von Organisation zu Organisation und wird von verschiedenen Faktoren maßgeblich beeinflusst (z.B. Branche, Unternehmenskultur, Führungsstil). In der begrifflichen Abgrenzung ist dies eindeutig erkennbar. Beispielsweise wird eine Regelverletzung (eine bewusste Abweichung) in einem Produktionsunternehmen zumeist bereits als Fehler deklariert, in einem Forschungsbetrieb hingegen kann diese Situation erwünscht sein. Auch stellt sich die Frage inwieweit Ineffizienz als Fehler bezeichnet wird; zwar führt diese auch zum Ziel, aber nur auf Umwegen (Zapf, Brodbeck & Prümper, 1989, S.183-184; Zapf et al., 1999, S.399; Stollfuß et al., 2011, S.6).

Die dargestellten Methoden eine Fehlersituation in verschiedene Ebenen (inhaltlich, normativ, personell, aktional) zu differenzieren, sowie die Anwendung der auf die Handlungstheorie aufbauenden Fehlerklassifizierung sollen daher helfen eine Übereinstimmung im organisationalen Arbeitskontext herbeizuführen.

3. Umgang mit Fehlern in Organisationen

3.1. Personenperspektive

3.1.1. Attribution

Menschen versuchen eigenem und fremdem Verhalten, Erfolg und Misserfolg durch kausale Zuschreibungen Sinn zu verleihen. Dieser Vorgang (Kausalattribution) lokalisiert Ursachen in drei Dimensionen: Ort, Stabilität und Kontrollierbarkeit. Der Ort beschreibt, ob Ursachen in der Person selbst (internal) oder im Kontext (external) liegen; Stabilität bezieht sich auf die zeitliche Beständigkeit von Ursachen (stabil oder variabel); Kontrollierbarkeit entspricht der wahrgenommenen Möglichkeit persönlicher Einflussnahme. In Abhängigkeit einer Kombination dieser Variablen erfolgt eine individuelle Situationsbewertung (AWE, 2005, S.2).

Kausale Attribution hat Einfluss auf individuelles Verhalten nach einem Fehlereintritt. Studien zeigen, dass sich variable Ursachen positiv auf Folgehandlungen nach einem Fehler auswirken, da sie die Erwartung und Zuversicht eine Aufgabe erledigen zu können nicht schmälern. Werden Misserfolge auf Basis geringer Anstrengungen (internal und variabel) oder Pech (external und variabel) attribuiert, wirkt sich dies ebenfalls positiv auf zukünftiges Verhalten aus (Homsma, Van Dyck, De Gilder, Koopman & Elfring, 2007, S.562).

In einem weiterem Experiment wurden Attributionen nicht wie bisher auf Grund spezifischer Ursachen untersucht, sondern die kausalen Zuschreibungen der Versuchspersonen wurden gezielt manipuliert - z.B. durch gezielte Anweisungen eine Situation hinsichtlich stabilen und internalen Ursachen zu interpretieren. Zusammenfassend zeigte sich, dass internale, stabile und externale, stabile Zuschreibungen sich gleichermaßen günstiger auswirken als variable. Darüber hinaus wurde verdeutlicht, dass sich der Prozess der Attribution nach Fehlersituationen in eine kausale Zuschreibung (Identifizierung der Ursache - z.B. internal und stabil) und eine kausale Interpretation (verantwortlich für das individuelle Folgeverhalten) gliedert (Homsma et al., 2007, S.578-580).

Erwähnenswert sind auch geschlechterspezifische Unterschiede in der Attribution. So zeigen Männer bei internalen, variablen bzw. externalen, stabilen Ursachen einer Situation mehr persönliche Kontrolle und Verantwortung, als wenn diese auf internale, stabile bzw. externale, variable Attributionen zurückgeführt wird (Homsma et al., 2007, S.581).

Diese Erkenntnisse helfen Organisationen, menschliches Verhalten nach dem Auftreten von Fehlern zu verstehen, vorher zu sagen und zu nutzen; dieses ist untrennbar mit der betrieblichen Leistungsfähigkeit verbunden. In der Praxis kann v.a. im Bereich der kausalen Interpretation angesetzt werden, damit Mitarbeiter und Mitarbeiterinnen mit Fehlern konstruktiv umgehen. Führungskräfte müssen als Vorbild wirken und ein Klima der Verantwortung und Fehlerbeherrschung vermitteln (Homsma et al., 2007, S.581-582).

3.1.2. Emotionen

Emotionen sind im Arbeitskontext ständiger Begleiter - vor, während und nach einer Tätigkeit, sowie im Umgang mit anderen Personen. Auch nach Fehlern sind emotionale Reaktionen beobachtbar. Studien belegen, dass der Fehlerumgang sowohl durch kognitive als auch emotionale Komponenten beeinflusst wird (Bauer et al., 2003, S.21).

Fehler führen zu unterschiedlichen, zumeist negativen Emotionen:

- Angst vor Fehlern entsteht, wenn eine Situation bedrohlich eingeschätzt wird oder als Konsequenz nach einem Fehler (z.B. Angst vor Bestrafung). Im betriebswirtschaftlichen Kontext kann dies ein leistungshemmender Faktor sein (Stegmann, 2000, S.131).
- Scham als Folge von Fehlern ist Merkmal sozialer Situationen; die Handlung wird durch die Umwelt als Schwäche gewertet und Akteure und Akteurinnen werden bloßgestellt.
- Schuld bedingt eine moralische Komponente, z.B. wenn die Verantwortung für die Fehlerverursachung eingesehen und übernommen wird.
- Ärger kann eigene oder fremde Emotion sein; sie kann entstehen, wenn eine Erwartung nicht erfüllt und eine Situation als Fehler wahrgenommen wird.

Die erlebte Intensität der Emotion hat Einfluss auf die kognitive Verarbeitung der Situation (je intensiver, umso tiefer), im Falle einer Fehlerbewältigung auf den Reflexions- und Analyseprozess. Dabei können positive und negative „Beschämer" auftreten. Positive sind zumeist selbstinitiiert (z.B. Trauer, Scham), können aber auch von außen verursacht werden. Diese Emotionen können den Aufbau von Negativem Wissen fördern. Negative „Beschämer" entstehen im Zusammenhang mit einer Bloßstellung durch Außenstehende. Dem Lernen aus Fehlern nicht förderlich, ist vorwiegend eine Abwehrreaktion die Folge (Oser & Spychinger, 2005, S.72-76).

Um Fehler als Lerngelegenheit zu nutzen, ist es also unumgänglich für ein emotionsgünstiges Umfeld zu sorgen; dafür können Grundsätze der schulischen

Pädagogik auf die Arbeitswelt umgelegt werden. Führungskräfte müssen auch hinsichtlich ihrer Emotionen eine Vorbildwirkung erfüllen; die Bedeutung von Lernaktivitäten muss vermittelt werden, da diese Überzeugung (positive und negative) Emotionen verstärkt; Mitarbeiter und Mitarbeiterinnen sollen hinsichtlich Selbstregulation ihrer Emotionen unterstützt werden (Wild & Möller, 2009, S.228-229).

3.2. Organisationsperspektive

3.2.1. Einfluss der Organisationskultur

Organisationskultur entspricht spezifischen, anerkannten Normen und Handlungen einer Gruppe; in ihr spiegeln sich die Ideen, Vorstellungen und Werte ihrer Mitglieder wider (sichtbar und unsichtbar). So kann erwünschtes von unerwünschten Verhalten differenziert werden (Van Dyck et al., 2005, S.1229; Schüttelkopf, 2008, S.209).

Organisationen sind als soziokulturelle Umgebungen zu verstehen, die positiven oder negativen Einfluss auf den Fehlerumgang ihrer Mitglieder nehmen (Harteis et al., 2008, S.8). Fehler sind verantwortlich für Stress, Unfälle, Qualitäts- und Leistungsprobleme. Einstellungen zu und Umgang mit Fehlern sind zentrale Punkte einer unternehmerischen Organisationskultur (Rybowiak et al., 1999, S.528). Fehlerkultur ist also Bestandteil der Unternehmenskultur.

Organisatorische Fehlerstrategien bewegen sich dabei zwischen den Dimensionen Fehlerfreundlichkeit und -feindlichkeit. Während zum positiven Pol hin Fehler als unvermeidlich akzeptiert werden, führt der gegensätzliche Pol dazu Ursachen und Verantwortung v.a. in Personen, nicht im wenig greifbaren System zu suchen; Schuldzuweisungen sind die Folge (Zapf et al., 1999, S.408). Den Mitarbeitern und Mitarbeiterinnen sollten Fehler keinesfalls nur als unerwünschte Ereignisse signalisiert werden, dies würde zum zwanghaften Versuch einer Vermeidung bis hin zum Verschweigen führen. Ein Umstand der weder lernförderlich ist, noch Innovation und Kreativität fördert, im ungünstigsten Fall sogar zur Entstehung gleichartiger Fehler führt. Folglich beeinflussen Faktoren der Unternehmenskultur das individuelle Verhalten, ob Fehler zur Verbesserung genutzt oder verschleiert werden. Toleranz und Vertrauen sind Bausteine einer verantwortlichen Kultur, die dazu führt, dass das Lernen aus Fehlern aktiv unterstützt und umgesetzt wird (Harteis et al., 2008, S.8).

3.2.2. Rolle der Führung

Die Vermutung liegt nahe, dass auf Grund unterschiedlicher Arbeitsbedingungen (z.B. Freiheitsgrade, Gestaltungsspielraum) Führungskräfte eine andere Fehlerorientierung aufweisen als Personen ohne Führungsfunktion (Bauer et al., 2003, S.11-12). Eine zugehörige Studie wies zwar einen signifikanten Unterschied bezüglich des Faktors „Bewertung von Fehlern" (z.b. Wahrnehmung von Fehler als Lernchance, Eingehen eines Fehlerrisikos) nach, hinsichtlich des Faktors „Strategien im Umgang mit Fehlern" (z.B. Reflexion von bzw. Kommunikation über Fehler) konnte keine aussagekräftige Abweichung festgestellt werden. Führungskräfte scheinen also bessere Voraussetzungen für ein Lernen aus Fehlern vorzufinden, während Beschäftigte ohne Führungsfunktion Fehler weniger als Lerngelegenheit wahrnehmen. Dementsprechend wird in der vorliegenden Studie über mögliche Systemursachen spekuliert - z.b. geringere Möglichkeiten sich einzubringen, fehlende Zeit zur Reflexion (Bauer et al., 2003, S.21-22; Harteis et al., 2008, S.12-13).

Darüber hinaus ist der Führungsstil ein Mediator des Lernprozesses aus Fehlern. Er übt positiven und negativen Einfluss auf das Personal aus. Ein restriktiver und kontrollierender Stil verleitet zu einem wenig lernförderlichen „Dienst nach Vorschrift". Negatives Führungsverhalten kann eine „Culture of blame" begünstigen, in der lieber nach einem Sündenbock gesucht, als Fehler durch Reflexion und Analyse organisational genutzt werden. Auch wird eine Kultur der Fehlervertuschung gefördert, um das positive Selbst- und Fremdbild zu erhalten. Die Reaktionen der Führungskräfte auf Fehler ihrer Untergebenen beeinträchtigt deren Verhalten wesentlich. Unterstützendes Führungsverhalten ist daher ein wichtiger kontextueller Faktor, um Fehler als Lerngelegenheiten zu nutzen (Kluge, Schilling & Putz, 2010, S.32).

In zwei Studien in schweizerischen Unternehmen wurde der positive Zusammenhang charismatisch-zielorientierter, sowie aktivierender Führung mit organisationalen Lernen aus Fehlern nachgewiesen (Kluge et al., 2010, S.37-38).

3.3. Fehlerkultur

Fehlerkultur ist ein wesentlicher Bestandteil der Organisationskultur eines Unternehmens. Soll im Arbeitsalltag aus Fehlern gelernt werden - was nicht automatisch geschieht - kommt der Fehlerkultur eine besondere Bedeutung zu. Sie beeinflusst wesentlich die Lernförderlichkeit der Unternehmenskultur, sowie die Umsetzung kompetenzförderlicher Arbeitsbedingungen (Bauer et al., 2003, S.3).

3.3.1. Definition

Fehlerkultur wird durch zwei organisationale Bedingungen beschrieben (Bauer et al., 2003, S.8; Harteis et al., 2006, S.116):

1. Welcher Stellenwert, welche Bedeutung wird Fehlern eingeräumt?
2. Wie wird mit Fehlern umgegangen, welche Konsequenzen stellen sich ein?

Die Bedeutung eines Fehlers bewegt sich zwischen zwei Extremen: einerseits sind Fehler unerwünschte und zu vermeidende Beeinträchtigungen - ein Ansatz, der in Null-Fehler-Strategien zu finden ist - andererseits gelten Fehler als nicht vermeidbar und als Grundlage des Lernens und der Verbesserung (Bauer et al., 2003, S.8; Harteis et al., 2006, S.116). Der Prozess der Fehlerbewältigung differenziert sich anhand dieser Pole in zwei Richtungen.

3.3.1.1. Fehlervermeidung

Durch das präventive Vermeiden von Fehlern wird die Zuverlässigkeit erhöht; diese kann als logisches Gegenstück zum Fehler verstanden werden (Zapf et al., 1999, S.399). Negative Konsequenzen von Fehlern sollen durch die grundsätzliche Verhinderung des Fehlers an sich vermieden werden (Van Dyck et al., 2005, S.1228). Nachfolgend werden praxisbezogene Strategien dargestellt (Zapf et al., 1999, S.406-407).

- Reduktion der Komplexität und des Spielraums

Durch Vereinfachung von Aufgaben und geringe Entscheidungsfreiheiten, sollen Fehler verhindert werden. Mit Verweis auf die handlungstheoretische Taxonomie, bedeutet weniger Komplexität zwar eine Abnahme von Fehlern auf der intellektuellen Regulationsebene, Routinefehler treten trotzdem auf. Diese Strategie ist nachvollziehbar in Widerspruch mit menschengerechter Arbeitsplatzgestaltung und der Forderung modernen Organisationskonzepte nach flachen Hierarchien und Deregulation (und damit verbundener erhöhter Verantwortung und Belastung der Arbeitnehmer und Arbeitnehmerinnen).

- Qualifikation

Die Annahme, geschultes Personal verursacht weniger Fehler ist nur teilweise richtig. Experten und Expertinnen unterscheiden sich diesbezüglich nicht von Novizen und Novizinnen, sie verursachen nur unterschiedliche Typen von Fehlern (Prümper, 1991, S.129; Prümper, Zapf, Brodbeck & Frese, 1992, S.326).

- Technische Prophylaxe und Automatisierung

Sicherheitssysteme sollen „von außen" die Fehlerentstehung verhindern. Versagen diese Einrichtungen (Stichwort „Swiss Cheese Modell") ist wiederum der Mensch (mit all seiner Fehleranfälligkeit) gefordert.

Auch Null-Fehler-Strategien verweisen auf die Bedeutung aus Fehlern zu lernen, jedoch ist v.a. in komplexen wirtschaftlichen Organisationen von einer Unvermeidbarkeit von Fehlern auszugehen. Zusammenhänge können nicht lückenlos erfasst, Informationen nicht vollständig berücksichtigt werden, zukünftige Auswirkungen sind intransparent und Entscheidungen müssen unter Zeitdruck und Unsicherheit getroffen werden – optimale Voraussetzungen für eine erhöhte Fehleranfälligkeit. Eine Vermeidungskultur birgt die Gefahr einer falschen Sicherheit durch „bürokratische bzw. technizistische Strategien" in sich. So zeigen Ergebnisse der Unfallforschung auf, dass komplexe und multivariante Systeme trotz höchster Anstrengungen nicht gegen jegliche Fehler zu sichern sind (Bauer et al., 2003, S.8-9; Harteis et al., 2006, S.116). Anschauliche Beispiele dieses trügerischen Sicherheitsdenkens sind die Unfälle in den Atomkraftwerken Three Mile Island, Tschernobyl und Fukushima. Zusätzlich leistet die organisationale Fehlervermeidung einer „Cultur of blame" bzw. Fehlerverheimlichung Vorschub und verhindert das Lernen aus Fehlern (Rybowiak et al., 1999, S.528).

Eine Strategie der Fehlervermeidung ist auf Grund ihrer Kontrollperspektive in betrieblichen Organisationen weit verbreitet und durchaus berechtigt - z.B. in Hochrisikobereichen, in denen Fehler weitreichende und dramatische Konsequenzen nach sich ziehen. Doch Fehler sind allgegenwärtig, denn die herausragenden kognitiven Fähigkeiten des Menschen werden durch Fehleranfälligkeit der Vernunft und beschränkte Rationalität beeinträchtigt. Daher ist dieses Konzept allein keinesfalls ausreichend. Eine reine Vermeidungskultur reduziert auch die Chancen aus Fehlern zu lernen und deren positiven Konsequenzen zu nutzen (Van Dyck et al., 2005, S.1229).

3.3.1.2. Fehlerfreundlichkeit

Keinesfalls soll Fehlern gleichgültig begegnet oder diese gar gefördert werden (Bauer et al., 2003, S.9; Harteis et al., 2006, S.117). Dieser Zugang wird i.S. eines Fehlermanagements[1] verstanden, das v.a. die negativen Fehlerkonsequenzen reduzieren und die positiven hervorheben soll. Fehler sollen nicht abgeschafft werden,

---

[1] Der Begriff Fehlermanagement wird in dieser Arbeit mit konstruktiver Fehlerkultur gleichgesetzt.

21

aber der Umgang mit ihnen soll in einer möglichst raschen, einfachen und stressfreien Weise erfolgen (Zapf et al., 1999, S.407; Van Dyck et al., 2005, S.1228).

Fehlermanagement ermöglicht einerseits Kontrolle i.S. einer raschen Fehlerentdeckung und Schadensbegrenzung, andererseits eröffnet sich die Chance aus ihnen zu lernen, was wiederum Initiative und Innovation vorantreibt (Van Dyck et al., 2005, S.1229). Eine konstruktive Fehlerkultur manifestiert sich v.a. in kritischen Reflexionsprozessen hinsichtlich Ursachen. Zusätzliche Strategien erfolgreichen Fehlermanagements können in verschiedensten Bereichen umgesetzt werden (Zapf et al., 1999, S.407-409).

- Arbeits- und Technikgestaltung

Technische Hilfsmittel unterstützen Menschen Fehlern zu bewältigen. Ein alltägliches Beispiel hierfür ist die UNDO-Funktion in Software-Programmen.

- Gestaltung sozialer Systeme

Die Sinnhaftigkeit gegenseitiger sozialer Unterstützung beim Fehlerumgang muss hervorgehoben und gefördert werden.

- Organisationsgestaltung

In einer Organisation sind hinsichtlich Überleitung eines Fehlers in eine Katastrophe zwei Dimensionen kritisch: Kopplung und Interaktionen. Enge systemische Kopplung, gepaart mit komplexen Interaktionen erhöhen die Wahrscheinlichkeit schwerwiegender Konsequenzen. Bei losen Kopplungen sind die Subsysteme weniger voneinander abhängig, Kettenreaktionen werden unwahrscheinlicher. Zudem sind in linearen Interaktionen Fehler leichter lokalisierbar.

- Qualifizierung

Fehlertrainings üben den Umgang mit Fehlern. Expertise kann Fehler zwar nicht vermeiden, unterstützt aber bei deren Bewältigung.

- Organisationskultur

Handlungen grundsätzlich kritisch zu reflektieren, ob auf Grund eines Fehlers oder nicht, sollte für Führungskräfte selbstverständlich sein und seitens des Unternehmens gefördert werden. Ein offener Umgang mit Fehlern sollte Aufnahme in jedes Unternehmensleitbild finden.

Laut wissenschaftlichen Forschungen in mittelständischen Unternehmen in den Niederlanden und Deutschland stehen die Fehlerkultur eines Unternehmens und die Unternehmensleistung in einem positiven Zusammenhang zueinander, unabhängig von kulturellen und ökonomischen Kontexten. Eine positive Kultur des Fehlermanagements mit all seinen Facetten - gemeinsame Kommunikation, Wissensaustausch, rasche Entdeckung und Analyse, effektive Fehlerbehebung und koordinierte Fehlerbehandlung - verhindert und reduziert negative Konsequenzen und hilft bessere Zukunftsstrategien zu entwickeln. Dies stellt Leistungs- und Lebensfähigkeit wirtschaftlicher Betriebe sicher (Van Dyck et al., 2005, S.1236-1237). Die Analyse positiver Fehlerkultur zeigt sogar Ansätze hinsichtlich zukünftigem Unternehmenserfolg ein besserer Prädiktor zu sein als die Betriebsleistung der Vergangenheit (Van Dyck et al., 2005, S.1230-1231). Michael Frese, langjähriger Experte im Bereich der Fehlerforschung, wird damit zitiert, dass Unternehmen durch konstruktives Fehlermanagement und damit verbundener Lerneffekte ihre Profitabilität sogar bis zu 20% steigern könnten (Frese, 2005, S.1; Grosse-Halbuer, 2006, S.2).

3.3.2. Erhebung und Bewertung der Fehlerkultur

Um die positiven Effekte von Fehlern im Arbeitskontext nutzbar zu machen, ist das Wissen um den vorherrschenden Ist-Zustand Grundlage für weiterführende Maßnahmen. Nachfolgend werden Methoden vorgestellt, die die Bewertung des weichen Faktors „Fehlerkultur" und seiner Facetten ermöglichen.

Die Methodik der Videostudien und -analysen wird zwar in Feldexperimenten ebenfalls eingesetzt, ist aber m.M.n in der Praxis betrieblicher Organisationen nicht anwendbar.

3.3.2.1. Error Orientation Questionnaire (EOQ)

Das EOQ dient der Messung der Fehlerorientierung im Arbeitskontext - wie denkt man über Fehler, wie werden sie gemeistert. Es ist zur Bewertung der Fehlerkultur in Unternehmen geeignet, da der Fehlerumgang ein Maßstab für das Lernen aus Fehlern ist (Rybowiak et al., 1999, S.527-528). Das Erhebungsinstrument weist acht Skalen auf (Rybowiak et al., 1999, S.532-535, S.542-543).:

- Fehlerkompetenz

Fähigkeit mit Fehlern unmittelbar bei ihrem Auftritt umzugehen bzw. auch Fähigkeit der Früherkennung (kurzfristiger Aspekt); betrifft Selbstwirksamkeit und Handlungsorientierung, wesentlich für Leistung und Initiative einer Person.

- Lernen aus Fehlern

Einschätzung, Fehler zur Verbesserung zu nutzen; Eigenschaft langfristig Fehler durch Lernen, Planung und Veränderung zu vermeiden.

- Risikobereitschaft

I.S.v. Flexibilität und Offenheit gegenüber Fehlern, um Veränderungen zu bewirken aber auch Verantwortung für negative Konsequenzen zu übernehmen.

- Belastung durch Fehler

Zeichnet sich durch Angst Fehler zu begehen und negative emotionale Reaktionen aus; korreliert negativ mit Leistung, Selbstwert und Selbstwirksamkeit, positiv mit Depression.

- Antizipation von Fehlern

Beschreibt einerseits die realistische Sicht der Dinge, dass Fehler im Allgemeinen unvermeidlich sind und andererseits die Fähigkeit spezifische Fehler im eigenen Umfeld auf Grund persönlicher Expertise vorauszusagen.

- Verbergen von Fehlern

Aspekt der entweder bei ängstlichen Menschen auftritt, wenn Fehler als Bedrohung angesehen werden oder seine Ursachen in organisationalen Bedingungen findet; bezieht sich auf Selbstwert, aber auch Arbeitsstress und berufliche Unsicherheiten.

- Kommunikation über Fehler

Fehlerdokumentation, Prozess des gegenseitigen Austauschs, der Weitergabe von Wissen.

- Reflexion über Fehler

Ausmaß in dem Fehler analysiert und reflektiert werden.

Der Einsatz des EOQ ist vielfältig. Die Potentialerhebung eines Innovationsprozesses, (bei Veränderungswiderstand durch Angst vor Fehlern), die Messung der Wirksamkeit von „Error Management Training" oder die Erhebung der Fehlerkultur eines Unternehmens sind Beispiele praktischer Relevanz (Rybowiak et al., 1999, S.543-544).

3.3.2.2. Organisationales Lernen aus Fehlern (OLAF)

Dieses organisationsdiagnostische Instrument erhebt, wie Mitarbeiter und Mitarbeiterinnen und Führungskräfte den Fehlerumgang erleben und als individuelle bzw. organisationale Lerngelegenheit nutzen. Es erfasst damit die individuelle Wahrnehmung der Organisationsmitglieder hinsichtlich organisationaler Rahmenbedingungen für fehlerbezogene Lernprozesse. Auf Grundlage seiner Ergebnisse können Veränderungsprozesse zur (Weiter-)Entwicklung lernförderlicher Strukturen initiiert werden (Putz, Schilling, Kluge & Stangenberg, 2009, S.251-252).

Der Lernprozess wird durch mehrere sequentielle Phasen beschrieben (Fehlerentdeckung, emotionale Verarbeitung und Attribution des Fehlers, Fehleranalyse und -korrektur, Weitergabe von Wissen) und kombiniert mit kontextbezogene Einflussfaktoren (Verhalten der Führungskraft, Verhalten der Kollegen und Kolleginnen, Arbeitsprozesse und -strukturen, organisationale Werte und Grundsätze). Das sich daraus ergebende Facettenmodell (Abbildung 5) definiert den Inhalt des „Fragebogens zur Erfassung des organisationalen Klimas für Lernen aus Fehlern" (Putz et al., 2009, S.252-253).

Lernphase Einfluss- Faktor	Fehler- entdeckung	Emotionale Verarbeitung und Attribution des Fehlers	Fehleranalyse und -korrektur	Weitergabe von Fehlerwissen
Verhalten des Vorgesetzten	z.B. Vorgesetzte geben inhaltliches Feedback über Fehler	z.B. Vorgesetzte stehen als Vorbild zu eigenen Fehlern	z.B. Vorgesetzte helfen bei der Fehlerkorrektur	z.B. Vorgesetzte ermutigen Mitarbeiter zum Erfahrungsaustausch über Fehler
Verhalten der Kollegen	z.B. Kollegen geben inhaltliches Feedback über Fehler	z.B. die Kollegen gehen vertrauensvoll miteinander um, so dass auch Fehler thematisiert werden können	z.B. Kollegen unterstützen sich gegenseitig bei der Fehleranalyse	z.B. Kollegen fragen sich gegenseitig um Rat bei Fehlern
Arbeitsprozesse und -strukturen	z.B. es existieren konkrete Arbeits- richtlinien	z.B. Mitarbeiter werden für Fehler nicht schnell bestraft	z.B. Informationen zur Fehleranalyse werden bereitgestellt	z.B. es gibt Regel- kommunikation (z.B. Besprechungen) über Fehler
Organisationale Werte und Grundsätze	z.B. Transparenz in den Arbeitsprozessen spielt eine wichtige Rolle	z.B. es herrscht die Einstellung, dass Fehler nicht generell vermeidbar sind	z.B. Ergebnisse von Fehleranalysen werden wertgeschätzt	z.B. die Weitergabe von Wissen hat einen zentralen Stellenwert

Abb. 5: Facettenmodell des organisationalen Lernens aus Fehlern (Putz et al., 2009, S.253)

3.3.2.3. Fehlerkultur-Indikator nach Schüttelkopf

In diesem Modell wird Fehlerkultur von den drei organisationalen Säulen Werte & Normen, Kompetenzen und Instrumentarien getragen, die grundlegenden und strukturellen Einfluss auf Fehlerumgang, -risiken und -folgen haben (Schüttelkopf, 2008, S.234-237).

Werte & Normen einer Organisation determinieren Fehler, Risiken und Folgen und entsprechen dem „guten Willen"; dieser weicht von offiziell proklamierten Leitvorstellungen oftmals ab. Kompetenzen sind die mentalen, emotionalen, sozialen und methodischen Fähigkeiten der Organisationsmitglieder auf individueller und kollektiver Ebene. Als Instrumentarien werden Methoden, Techniken und Werkzeuge verstanden, die die Organisation ihren Mitgliedern zur Fehlerbewältigung zur Verfügung stellt.

Um die inhaltliche Ausrichtung einer organisationalen Fehlerkultur systematisch zu erfassen und zu analysieren, erfolgt eine Differenzierung in die vier Dimensionen Fehlerfreundlichkeit, Fehlervermeidung, Vertrauen und Entwicklung (Schüttelkopf, 2008, S.237-238).

Die Ausprägungen und Bedeutungen der Dimensionen Fehlerfreundlichkeit und Fehlervermeidung definieren Qualitätsbewusstsein und Innovationsorientierung eines Unternehmens. Vertrauen entspricht der Eigenschaft kooperativ mit Fehlern umzugehen. Entwicklung spiegelt die Tendenz wider, Fehler zu reflektieren, zu analysieren und letztendlich daraus zu lernen.

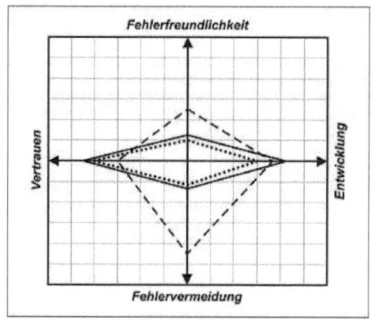

Abb. 6: Diagramm der Fehlerkultur (Schüttelkopf, 2008, S.303)

Abbildung 6 zeigt ein Beispielergebnis eines erhobenen Fehlerkulturindikators. Dargestellt sind die Ausprägungen der Fehlerkultur-Dimensionen für die Säulen Normen & Werte (durchgehende Linie), Kompetenzen (gepunktete Linie) und Instrumentarien (gestrichelte Linie). Auf Basis dieser Ist-Situation kann mit Verständnis, Verantwortung und Engagement der Organisationsmitglieder die weitere Vorgehensweise bestimmt werden (Schüttelkopf, 2008, S.288).

3.3.3. Instrumentarien einer konstruktiven Fehlerkultur

Methoden, Techniken und Werkzeuge sollen Mitarbeiter und Mitarbeiterinnen bei der Fehlerbewältigung unterstützen. Erhebungsinstrumente dienen der Fehlerevaluation (wobei die Frage „Wer ist schuld?" durch „Welche Ursachen gibt es dafür?" zu ersetzen ist), die Durchführung von Qualifikationsmaßnahmen erhöht die Personalkompetenz.

3.3.3.1. Error Reporting (ER)

„Error reporting" ist ein Fehlermeldesystem zur Erfassung manifester Fehler, die Anlass eines unerwünschten Ereignisses sind. Ihre Grundfunktion dient eher einer Überwachung, als einer pädagogischen Intention. Die Möglichkeiten eines sinnhaften Einsatzes im Arbeitskontext sind daher beschränkt (Glazinski & Wiedensohler, 2004, S.99). Eine praktische Anwendung ergibt sich jedoch durchaus darin, eine erste Informationsbasis eines gemeinsamen betrieblichen Fehlerverständnisses zu schaffen.

3.3.3.2. Critical Incident Reporting (CIR)

„Critical Incident Reporting" ist v.a. in Hochrisikobereichen (Luftfahrt, Medizin, Atomindustrie, etc.) ein bereits weit verbreitetes und erfolgreiches Fehlermeldesystem. Es bietet den Vorteil, dass bereits weitaus häufigere Fehlervorstufen, die nicht zwangsläufig zu Fehlern mutieren aber deren Nährboden sind, erfasst und analysiert werden können (Glazinski & Wiedensohler, 2004, S.97-98).

3.3.3.3. Error Management Training (EMT)

Fehler sind ein natürliches Nebenprodukt des Lernprozesses. Sie erfüllen eine Informationsfunktion, indem sie aufzeigen wo Wissen und Fähigkeiten noch Verbesserungen bedürfen. Diese Methode unterscheidet sie sich von prozeduralen und explorativen Ansätzen. Sie gibt Teilnehmer und Teilnehmerinnen nur wenig Anleitung, ermuntert sie aber im Zuge des Trainings Fehler zu begehen. Es erfolgt eine laufende Instruktion und Motivation auftretende Fehler zu reflektieren und daraus zu lernen; die positiven Funktionen werden damit betont und verinnerlicht (Keith & Frese, 2008, S.59-60).

Eine Meta-Analyse über 24 Studien bestätigte die höhere Wirksamkeit von EMT gegenüber herkömmlichen Trainingsmethoden. Zusätzlich konnten auch die Trainingseffektivität beeinflussende Moderator-Variablen identifiziert werden - z.B. der Umstand, dass sich eine Leistungsverbesserung erst nach den Trainings einstellt, man sich also nicht im Training bereits darauf fokussieren sollte (Keith & Frese, 2008, S.66-67).

4. Positive Fehlerkultur als Lernchance

4.1. Bedingungen des Lernens aus Fehlern

Der Lernerfolg im Arbeitskontext wird einerseits von individuellen (z.B. Intelligenz, Vorwissen und epistemische Überzeugungen), andererseits von externalen Faktoren (z.B. Arbeitsorganisation) beeinflusst. Diese Bedingungen beeinflussen sich gegenseitig, beispielsweise durch die subjektive Wahrnehmung und Bewertung der Lernumgebung Arbeitsplatz. Organisationale Bedingungen, die den Kompetenzerwerb fördern finden sich v.a. in einer konstruktiven Fehlerkultur (Bauer, 2004, S.60).

Lernen aus Fehlern funktioniert nicht spontan, es ist keine Selbstverständlichkeit. Vielmehr muss der Vorgang unterstützt, geführt und vermittelt werden (Harteis et al., 2008, S.3). Nur durch einen individuellen und organisationalen Fehlerumgang, der einer positiven Fehlerkultur entspringt, kann im betrieblichen Alltag aus Fehlern, gelernt werden; ein formales Lippenbekenntnis ist keinesfalls ausreichend (Harteis et al., 2006, S.111). Dies beinhaltet aber auch die Bereitschaft eines tiefergehenden Doppelschleifen-Lernens gemäß Abbildung 7. Dabei werden auch Grund- und Leitwerte neu überdacht, gegebenenfalls umgestoßen und neue Handlungsstrategien entwickelt werden (Argyris, 1999, S.68).

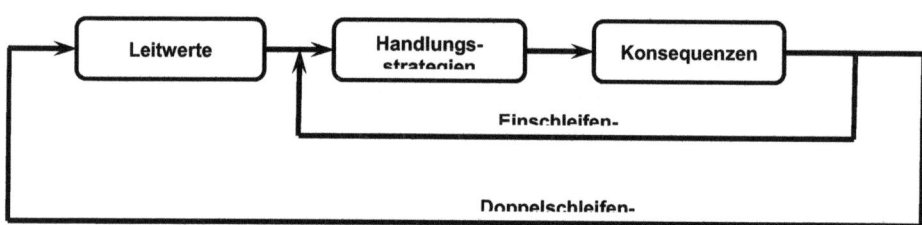

Abb. 7: Modell des Ein- und Doppelschleifen-Lernens (modifiziert nach Argyris, 1999, S.68)

In Anlehnung an einen für den schulischen Unterricht entwickelten Algorithmus des Fehlerumgangs (Oser & Spychinger, 2005, S.124-132), sind für ein Lernen aus Fehlern im Arbeitsbereich bestimmte Kriterien präzise zu operationalisieren und allen Beteiligten näherzubringen. Die Handlung muss unterbrochen, um die Zielabweichung zu bewerten, der Fehler muss erkannt werden, um über das weitere Vorgehen und mögliche Alternativen zu reflektieren. Dadurch kommt es zu einem (negativen) Wissensaufbau, der gleichartige Fehler zukünftig vermeidet. Werden diese Voraussetzungen in der Organisation nicht geschaffen, bleibt die Fehlereinsicht verwehrt (Harteis et al., 2005, S.8-9). Mit anderen Worten, die Situation muss hinsichtlich einer Referenznorm evaluiert und eine Zielabweichung erkannt werden. Um aus dem Fehler Nutzen ziehen zu können, muss der/die Handelnde auf das Lernpotential aufmerksam werden. Die subjektive Bedeutung des Ereignisses wird so zum motivationalen Faktor der Reflexion (Harteis et al., 2008, S.6).

Dabei ist eine positive Fehlereinstellung wichtige Voraussetzung für Reflexionsprozesse. Forschungsergebnisse zeigen die wesentliche Bedeutung der Analyse auf: Fehler ermöglichen den Blick zurück, sowie ein Nachdenken über Ursachen und Konsequenzen. Dadurch entsteht ein tiefergehendes Verständnis des Problems und seiner Ursachen, das in Wissen und Handlungen transferiert werden kann (Hetzner, Gartmeier, Heid & Gruber, 2011, S.6). Eine Fragebogenstudie im Bankensektor verweist auf die Bedeutung aktiver Fehlerreflexion hinsichtlich Verringerung der Fehlerbelastung bei der Arbeit, sowie einer Lernanimation der Mitarbeiter und Mitarbeiterinnen (Hetzner et al., 2011, S.18). Fehler während und nach ihrem Eintritt zu reflektieren bringt gleichermaßen positive Ergebnisse für Individuen und Organisationen. Es erfordert ein Nachdenken über die Fehlerbedeutung und dessen weitere Handhabung, zwei grundlegende Dimensionen einer lernförderlichen Fehlerkultur (Harteis et al., 2008, S.3). Doch Reflexionsprozesse (und damit das Lernen aus Fehlern) werden maßgeblich von persönlichen Einstellungen zu Fehlern und mit Fehlern verbundenen Emotionen und der betrieblichen Kultur des Fehlerumgangs beeinflusst (Bauer et al., 2003, S.8; Hetzner et al., 2011, S.6). Mitarbeiter und Mitarbeiterinnen müssen also selbst die Überzeugung aufbringen mit Fehlern erfolgreich umgehen bzw. Nutzen daraus ziehen zu können. Selbstwirksamkeit ist Voraussetzung erfolgreicher Reflexionsprozesse (Hetzner et al., 2011, S.16).

Unverzichtbares Instrument erfolgreicher Lernprozesse sind Feedback-Schleifen. Feedback ist allgemein eine starke und wichtige Einflussgröße für Lehr- und Leistungsprozesse bzw. Grundlage effektiver Lehr-Lernprozesse, da es wesentlichen Einfluss auf Verhaltenskonsequenzen i.S.v. Beibehaltung oder Veränderung hat (Narciss, 2005, S.17). Da in komplexen Organisationen das eigene Handeln für die Arbeitskraft oftmals nicht sofort erkennbar ist, ist es unumgänglich im Fehlerfalle Feedback zu geben. Diese Maßnahme erhöht die Chance auf eine Reflexion der Fehlersituation und lässt auch die Verantwortung der Führungskräfte erkennen (Harteis et al., 2005, S.9).

Nachfolgende Faktoren bilden einen grundsätzlichen Bedingungsrahmen um Fehler als Lerngelegenheiten nutzen zu können (Harteis et al., 2005, S.10):

1. Übereinstimmung aller Beteiligter, was als Fehler bezeichnet wird.
2. Übereinstimmung aller Beteiligter, warum etwas als Fehler bezeichnet wird.
3. Entdecker/in und Verursacher/in eines Fehlers müssen miteinander kommunizieren (im Sinne von Analyse und Feedback).
4. Positive Fehlerkultur im Unternehmen.

Die empirischen Überprüfung der praktischen Relevanz dieses Modells anhand durchgeführter Studien in deutschen Unternehmen verschiedenster Bereiche (Bauer et al., 2003, S.13-20; Harteis et al., 2005, S.10-21) offenbarte nachstehende Ergebnisse (Harteis et al., 2006, S.119).

1. Übereinstimmung bezüglich Fehlerbezeichnung

Eine hohe Übereinstimmung der Definition „Fehler" lässt sich v.a. in Bereichen feststellen, in denen Konsequenzen als schwerwiegend empfunden werden (z.B. Gefährdung von Gesundheit, Beeinträchtigung von Arbeitsprozessen). Auf anderen Gebieten (z.B. Arbeitsbeziehungen, Kompetenzentwicklung) werden unerwünschte Auswirkungen nicht gemeinschaftlich als Fehler erkannt. Dies ist jedoch zwingende Voraussetzung, um Fehler als Lerngelegenheit zu nutzen. Wer keine Diskrepanz zwischen einem Ist- und Sollzustand erkennt, sieht auch keine Veranlassung adaptiv einzugreifen (Harteis et al., 2006, S.120).

2. Übereinstimmung bezüglich Bewertungskriterien

Es konnten keine empirischen Befunde für übereinstimmende Bewertungskriterien gefunden werden. Jedoch werden zur Bewertung sowohl harte Fakten (z.B. Messwerte), als auch weiche Kriterien herangezogen. Doch der Großteil der Studienteilnehmer war unabhängig von der Hierarchiestufe der Überzeugung, Einfluss darauf auszuüben - hinsichtlich individueller Motivation ein positiver Umstand (Harteis et al., 2006, S.121).

3. Analyse und Feedback

Als Anzeichen wurden verschiedenste Maßnahmen aufgezeigt (z.B. Fehlerdokumentation, Darlegung der eigenen Sichtweise), die sogar fast ausschließlich in Kooperation aller Beteiligten durchgeführt wurden. Einen Fehler zu reflektieren gilt als günstige Voraussetzung einen Lernprozess zu initiieren. Die Notwendigkeit von Feedback ergibt sich aus dem Umstand, dass die verursachende und die den Fehler entdeckende Person nicht dieselbe sind (Harteis et al., 2006, S.121-122).

4. Positive Fehlerkultur

Sowohl Führungskräfte, als auch Belegschaft wiesen eine Fehlerorientierung (Bewertung und Umgang) auf, die das Lernen aus Fehlern begünstigt. Entgegen den

Erwartungen, konnte kein signifikanter Unterschied festgestellt werden. Die meisten Studienteilnehmer charakterisierten sich durch einen produktiven Umgang mit Fehlern (z.b. Gespräche führen, Aufzeigen von Handlungsalternativen). Lernhemmende Einflüsse emotionaler und motivotionaler Natur (z.b. Wut, Schuldzuweisungen) wurden ebenfalls aufgezeigt (Harteis et al., S.122-123).

Praxisbezogene Rückschlüsse dieser Erkenntnisse werden im nächsten Kapitelpunkt behandelt.

Abschließend ist festzuhalten, dass Lernprozesse in betrieblichen Umgebungen wahrscheinlich dann stattfinden, wenn Personen motiviert werden aus Fehlern zu lernen, wenn Fehler metakognitiv reflektiert werden (z.b. eigene Handlungen planen, überwachen und auswerten), sowie negative emotionale Einflüsse von Fehlern reduziert werden (Van Dyck et al., 2005, S.1229).

4.2. Merkmale einer lernförderlichen Fehlerkultur

Produktives Fehlermanagement beinhaltet verschiedene Bestandteile, wie z.b. frühzeitige Fehlererkennung, Kommunikation über Fehler, die Weitergabe von Fehlerwissen, sowie eine rasche Fehlerbewältigung (Van Dyck et al., 2005, S.1229-1230). Wie in Abbildung 8 dargestellt, soll Lernen aus Fehlern als Prozesskette verstanden werden, beginnend mit der Erkenntnis eines Fehlereintritts (Stollfuß et al., 2011, S.1).

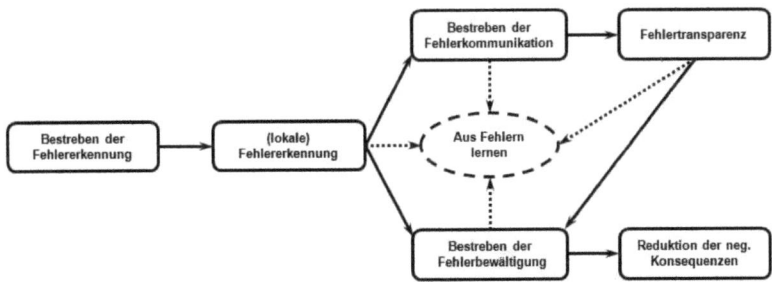

Abb. 8: Prozesskette der Elemente effektiven Fehlermanagements (Stollfuß et al., 2011, S.1)

Der Fehlerumgang hat direkten Einfluss auf Konsequenzen und damit auf den Unternehmenserfolg. Die Fehleraufdeckung und die Kommunikation stehen in engem Zusammenhang mit dem Lernprozess. Auch der Aufbau und die Weitergabe von

Fehlerwissen begünstigen die Unternehmensleistung. Da Konsequenzen zumeist mit finanziellem Schaden einhergehen, ist der verantwortungsvolle und effektive Umgang mit Fehlern eine Herausforderung jeglicher Organisation (Van Dyck et al., 2005, S.1230; Stollfuß et al., 2011, S.4).

Eine positive Fehlerkultur impliziert das Wissen um das Fehler- und Lernverhalten der Mitarbeiter und Mitarbeiterinnen. Sie bereitet auch den Weg zur lernenden Organisation, in der das Lernen aus Fehlern grundlegende Bedeutung hat (Frese, 2005, S.1; Selan, 2010, S.58). Zudem zeichnet sie sich durch gegenseitiges Vertrauen und Kooperation, Qualität und Sicherheit, sowie Innovation und Entwicklung aus. Dies wirkt förderlich auf die Motivation und verringert Fluktuation, Mobbing und krankheitsbedingte Fehlzeiten. Darüber hinaus werden ein verantwortlicher Fehlerumgang und persönliche Entwicklung gefördert (Schüttelkopf, 2009, S.13-14). Denn nicht die Frage nach der schuldigen Person, sondern vielmehr Ursachen und Lösungen des Problem müssen im Vordergrund stehen. Jemanden öffentlich bloßzustellen entspricht einer negativen Fehlerkultur mit Nachteilen für Individuen und Organisationen - z.B. Verminderung des Selbstvertrauens, Verschlechterung des Betriebsklimas, Behinderung der Effizienz und der Möglichkeit aus Fehlern zu lernen (Schüttelkopf, 2009, S.13, Selan, 2010, S.59).

Eine Fehlerkultur ist lernförderlich, wenn Fehler bewusst wahrgenommen werden und Betroffene keine Schuldzuweisungen und negative Konsequenzen fürchten. Fehler müssen auf Grund ihrer Unvermeidbarkeit erlaubt sein, Mitarbeiter und Mitarbeiterinnen sollen aber keinesfalls dazu ermutigt werden. Fehler sollen als Informationslieferant und Initial von Lernprozessen verstanden werden (Harteis et al., 2006, S.117). Um eine konstruktive Fehlerkultur zu etablieren, muss die Konnotation des Fehlers vom einseitig Negativen befreit werden. Fehlerakzeptanz und Wissen um die Fehlerbewältigung führen auch im Arbeitskontext zu mehr Leistungsfähigkeit (Bauer et al., 2003, S.10). In der Literatur werden oftmals drei Einflüsse genannt, die organisationales Fehlermanagement verbessern (Stollfuß et al., 2011, S.17):

- Sichere Umgebungen
- Anreiz- und Belohnungssysteme
- Teamarbeit und Teamtrainings

Sichere Umgebungen fördern den individuellen Eindruck psychologischer Sicherheit. Muss nicht gefürchtet werden, dass eine Fehlermeldung bestraft wird, so werden auch Kommunikationsbarrieren überwunden. Auch sichere Kommunikationskanäle (z.B. durch Anonymität) tragen dazu bei (Stollfuß et al., 2011, S.17-21). Die Fehlerkommunikation im sozialen Umfeld dient der Wissensdokumentation, sowie der

Weitergabe und -entwicklung von gemeinsamen Fehlerstrategien (Van Dyck et al., 2005, S.1237).

Anreiz- und Belohnungssysteme dienen der Motivation der Mitarbeiter und Mitarbeiterinnen; ein gewünschtes Handeln (die Meldung eigener und fremder Fehler) soll verstärkt, ein zu vermeidendes (die Fehlervertuschung) geschwächt werden (Stollfuß et al., 2011, S.21-22).

Teamarbeit und gemeinsames Training hat zwei Stärken. Einerseits erfüllt das Team auch eine gegenseitige Überwachungsfunktion, andererseits beinhaltet jegliches Team eine Redundanzfunktion (Stollfuß et al., 2011, S.22-23).

In der Literatur werden v.a. kontextuelle Faktoren als förderlich hervorgehoben. Das soziale Umfeld und die psychologische Sicherheit haben Einfluss auf individuelle Verarbeitung und Anstrengung des Fehlerbewältigungsprozesses (Seifried & Baumgartner, 2009, S.4; Hetzner et al., 2011, S.5). Psychologische Sicherheit im betrieblichen Kontext meint die individuelle Überzeugung frei von Angst vor Konsequenzen Risiken eingehen zu können und sich dadurch zu entwickeln. Das damit verbundene Klima von Vertrauen und Unterstützung fördert jegliche Lernprozesse (Baer & Frese, 2003, S.50). In einer Studie zur Fehlerorientierung und Eigeninitiative im Bankensektor bestätigten die Ergebnisse, dass ein Umfeld des gegenseitigen Vertrauens, der konstruktiven Zusammenarbeit und Hilfsbereitschaft eine positive Fehlereinstellung und damit die psychologische Sicherheit unterstützt. Dies erhöht wiederum die individuelle Bereitschaft der Fehlerbewältigung und Durchführung von Reflexionsprozessen. Zudem wurde in diesem Zusammenhang auch die positive Wirkung eines geeigneten Führungsverhaltens nachgewiesen (Hetzner, Gartmeier, Heid & Gruber, 2010, S.31-32; Hetzner et al., 2011, S.17).

Weitere vorteilhafte Kriterien um Fehler als Lerngelegenheit zu nutzen sind gegenseitige Wertschätzung, konstruktive und angstfreie Kooperation und Straffreiheit (Harteis et al., 2006, S.118), denn ein unterstützender, partnerschaftlicher und wertschätzender Umgang miteinander reduziert die Angst vor Fehlern (Hetzner et al., 2011, S.16).

Die Reaktion auf und der Umgang mit Fehlern hängt dabei nicht nur von der subjektiven Wahrnehmung ab, sondern wird auch von gängigen Praktiken des jeweiligen Arbeitsumfeldes beeinflusst (Hetzner et al., 2011, S.8). Der Arbeitsplatz bietet also einen soziokulturellen Kontext, der die Art und Weise der Fehlerbewältigung maßgeblich mitbestimmt. So sind tolerante Kulturen geeignet jeglichen Verschleierungstaktiken entgegenzuwirken und Fehler als Lernchancen aktiv zu unterstützen (Harteis et al., 2008, S.8-9). Der Kontext hat dabei die Aufgabe, emotionale Komponenten (z.B. die Angst vor Fehlern) zu reduzieren und Lernprozesse (kognitive Komponente) zu unterstützen (Seifried & Wuttke, 2010, S.17).

In den letzten Jahren wurden auch vermehrt wissenschaftliche Forschungsprojekte in diesem Bereich durchgeführt. So führen die Erkenntnisse hinsichtlich empirischer Überprüfung wichtiger kontextueller Faktoren, um Fehler als Lerngelegenheiten zu nutzen (Kapitel 4.1), zu unterschiedlichen Handlungsanweisungen für verschiedene betriebliche Gruppen (Harteis et al., 2006, S.124):

- Für Unternehmensleitungen erfreulich ist der konstruktive Umgang mit Fehlern über Hierarchien hinweg. Fehler müssen aber übereinstimmend als solche erkannt werden; das Management sollte wissen, was die Belegschaft als Fehler definiert, denn nur dann ist ihr Lernpotential nutzbar (Harteis et al., 2006, S.124).

- Im Sinne einer positiven Weiterentwicklung ihrer Problemlösekompetenz ist es für Beschäftigte sinnvoll einen offenen Fehlerumgang zu pflegen. Fehler müssen aufgezeigt und thematisiert werden, um sie zukünftig zu vermeiden (Harteis et al., 2006, S.125).

- Betrieblichen Bildungsverantwortlichen obliegt die Aufgabe die Bedeutung des Lernens aus Fehlern im betrieblichen Bewusstsein zu verankern. Hervorzuheben ist hier die Vermittlung kommunikativer Kompetenzen, sowie die Schaffung eines gemeinsamen Fehlerverständnisses (Harteis et al., 2006, S.125).

Der Frage ob Umgangspraktiken mit Fehlern im organisationalen Bereich Lernen aus Fehlern unterstützen, ging eine Interviewstudie nach (Harteis et al., 2005, S.10-21; Harteis et al., 2006, S.119-124; Harteis et al., 2008, S.13-19). Als praxisrelevante Strategien Fehler zukünftig zu vermeiden, wurden Gespräche, Definition neuer Arbeitsprozesse, der Einsatz von neuen Prüf- und Überwachungsverfahren, aber auch eine Sensibilisierung der Mitarbeiter und Mitarbeiterinnen identifiziert. Eine wichtige Erkenntnis dieser Studie ist aber auch die Tatsache, dass nur wenige Zwischenfälle, mit zumeist massiven Konsequenzen (für Gesundheit und Unternehmenserfolg), einstimmig als Fehler bezeichnet wurden (Harteis et al., 2005, S.23; Harteis et al., 2008, S.19).

Eine Studie im Bankensektor ließ zwar erkennen, dass die Belegschaft in betrieblichen Veränderungssituationen durchaus lernbereit ist, letztendlich müssen Arbeitsplätze aber ein sicheres Klima im Umgang mit Gleichen und Vorgesetzten bieten (Hetzner et al., 2011, S.18).

In einer Fragebogenumfrage der „Deutschen Gesellschaft für Personalführung" (DGFP) unter ihren Mitgliedern zum Themenbereich „Unternehmensethik und Zusammenhänge mit Innovationsklima und Fehlerkultur" wurden signifikante positive Zusammenhänge mittlerer Stärke zwischen Fehlerkultur und Innovationsklima erhoben. Auch eine positive Korrelation zwischen Fehlerkultur und der Facette „soziale Verantwortung" eines fürsorgeorientierten ethischen Klimas, sowie der negative Zusammenhang zwischen Fehlerkultur und der Reklamationsanzahl wurden nachgewiesen (Eigenstetter, Löhr & Driesel, 2007, S.34-35 & 40).

In der Praxis können Organisationen auch von Hochrisiko-Unternehmen lernen, deren Fehleroffenheit zwei wichtige Ausprägungen beinhalten. Erstens wird sorgfältig auf die sogenannten Vorstufen geachtet, um die Ausbildung größere Fehler bereits im Ansatz einzudämmen. Zweitens werden die Fehler, die keinesfalls auftreten sollen, deutlich hervorgehoben. Durch diese Fokussierung der Wahrnehmung entwickeln diese Betriebe bessere Methoden der Prävention (Weick & Sutcliffe, 2010, S.49).

Management-bezogene Ratgeberliteratur hebt die Bewältigung emotionaler Stressoren und die Verantwortung der „Chefetage" als wichtige Eckpfeiler einer geeigneten Fehlerkultur hervor. Für einen angst- und schuldfreien Umgang mit Fehlern werden beispielsweise nachfolgende Faktoren als wesentlich erachtet (Brandl, 2010, S.183; Cerwinka, 2011, S.1):

- Führungskräfte sind Vorbilder und müssen mit gutem Beispiel vorangehen.
- Unternehmenskultur ist geprägt von Offenheit, Fairness und Respekt.
- Es werden Ursachen gesucht, nicht Schuldige.
- In einer offenen Kommunikation gibt es keine unreflektierten Schuldzuweisungen.
- Sanktionen verletzen keinesfalls jemandes Würde und stellen niemanden bloß.
- Fehlermeldungen sind grundsätzlich freiwillig, jegliche Reaktion ist wertschätzend.

Eine diese Anforderungen erfüllende, unternehmensintern gelebte, konstruktive Fehlerkultur unterstützt das Lernen aus Fehlern. Des Weiteren führt sie auch zu einer Abnahme von Fehlerauftritten und -konsequenzen, mehr Innovation und Kreativität und einer verbesserten Qualität bei Produkten, Dienstleistungen und Arbeitsschritten, was sich in weiterer Folge positiv auf Ziele und Überlebensfähigkeit des Unternehmens auswirkt (Van Dyck et al., 2005, S.1230).

5. Resümee & Ausblick

In der vorliegenden Arbeit wurde die Bedeutung des Fehlers und seines individuellen und kollektiven Umgangs mit Schwerpunkt auf den betrieblichen Kontext dargestellt. Als herausragende Konsequenz, v.a. im Hinblick auf positive Einflüsse auf Organisationen und deren Ziele, wurde das Lernen aus Fehlern hervorgehoben, das auf einer Kultur der Fehlerfreundlichkeit und -offenheit basiert.

Nicht unerwähnt bleiben soll, dass eine Ausprägung in Richtung Fehlervermeidung ebenfalls ihre Zweckmäßigkeit erfüllt. Dies jedoch nur in Abhängigkeit von spezifischen Anforderungen bestimmter Organisationen, Abteilungen oder Aufgaben. Fehlervermeidung fördert keinesfalls das Lernen aus Fehlern.

Der Prozess der Fehlerbewältigung unterscheidet die Fehlererkennung und den Umgang damit und zeichnet sich maßgeblich verantwortlich, ob eine unerwünschte Situation in eine Lerngelegenheit übergeführt wird.

Von grundlegender Bedeutung ist es dabei zu akzeptieren, dass Fehler eine unvermeidliche Realität darstellen. Fehler sollten bereits vor ihrem Eintritt institutionalisiert, im sozialen Austausch angesprochen und ins betriebliche Bewusstsein - unabhängig von Hierarchiestufen - gebracht werden. Was als Fehler verstanden wird, ist aber a priori keinesfalls eindeutig. Der Fehlerbegriff unterliegt zumeist keinen allgemeingültigen Gesetzmäßigkeiten, sondern ist das Ergebnis individueller Wertvorstellungen und Normen. Eine Organisation muss danach streben, ihr Fehlerverständnis zu systematisieren und in den Köpfen ihrer Mitglieder zu verankern. Das Bestreben der Fehlererkennung ist aber nur sinnvoll, wenn die Kriterien, die einen Fehler definieren, bekannt sind. Erst wenn Fehler auch als solche wahrgenommen werden können, erfolgen Maßnahmen der Bewältigung.

Die Relevanz, die Fehlern in einer Organisation eingeräumt wird, sowie der Umgang mit ihnen entsprechen der Fehlerkultur. Dies meint dabei keineswegs das *„Kultivieren von Fehlern"*. Vielmehr geht es um den konstruktiven Umgang mit ihnen, der zu einer Weiterentwicklung führt. Fehler werden dabei nicht gefördert, sondern dienen als Mittel zum Zweck (Selan, 2010, S.62).

Eine konstruktive Fehlerkultur bietet die Fähigkeit aus Fehlern zu lernen. Dies ermöglicht letztendlich eine reduzierte Fehlerzahl und -folgen. Als durchaus erwünschter Nebeneffekt wird der Fehlerumgang auch als „menschlicher" empfunden. Natürlich bedeutet Fehlerfreundlichkeit keinesfalls, dass diese Lerngelegenheiten aktiv herbeigeführt werden, was ökonomischer Unsinn wäre. Die zentralen Nutzen einer positiven Fehlerkultur offenbaren sich in der bereits frühen Offenlegung von Fehlern, sowie in deren systematischen Ursachenanalyse und dem daraus abzuleitenden Wissen für die Zukunft. Auf lange Frist gesehen, können wirtschaftliche Organisationen durch einen offenen Umgang mit Fehlern nur profitieren. Die Fähigkeit aus Fehlern zu lernen, Kreativität und Innovation sind positive Konsequenzen (Van Dyck et al., 2005, S.1228).

Als positives Beispiel erfolgreicher Umsetzung einer produktiven Fehlerkultur kann das „Toyota Production System" genannt werden. Bereits in den 60'er und 70'er-Jahren des vorigen Jahrhunderts entwickelt, sollte es Veränderung und Verbesserung der Produktion und Qualität herbeiführen. Das Unternehmen schuf ein Umfeld, in dem Fehler akzeptiert sind, zwar weiterhin unerwünscht, aber unvermeidliche Realität. Mitarbeiter und Mitarbeiterinnen sind wichtiger Teil aller Prozesse, arbeitsorganisatorische Gestaltungen lassen Fehler frühzeitig erkennen und eine intensive Ursachenanalyse ist Pflicht. Fehlervertuschung hingegen ist inakzeptabel und wird sanktioniert (Toyota, 2011).

In der recherchierten Literatur fanden sich zahlreiche Hinweise darauf, dass die Hinwendung einer betrieblichen Organisation zu einer positiven Fehlerkultur Management- und Führungsaufgabe ist. Bei themenbezogener Ratgeberliteratur wurde dieses Ergebnis antizipiert, spricht diese doch v.a. die Personengruppe mit Führungs- bzw. Managementqualifikation und -verantwortung als Zielgruppe an. Aber auch aktuelle Forschungsansätze entwickeln sich in diese Richtung und untersuchen Möglichkeiten der Beeinflussung und Mediatoren entsprechender Veränderungsprozesse.

Barrieren auf dem Weg zur Fehleroffenheit finden sich gleichermaßen in Person und Organisation. Attributionen, Emotionen, sowie Einflüsse der Organisationskultur und des Führungsverhaltens wurden erläutert und müssen für eine erfolgreiche Umsetzung positiver Fehlerkultur berücksichtigt werden. Jedoch gibt es noch eine Vielzahl weiterer - teilweise auch noch weniger erforschte - Merkmale, die die Grundlage einer Fehlerfreundlichkeit und damit des Lernen aus Fehlern bilden: z.B. eine offene und wertschätzende Kommunikation, die Bereitschaft zur Verantwortungsübernahme, Reflexion und Doppelschleifen-Lernen, eine produktive Feedback-Kultur, sowie ein Klima geprägt von Fairness und Respekt. Deren zumindest teilweise Implementierung ins organisationale System ist Basis dahingehender Veränderungsprozesse, wenngleich die Umsetzung immer organisationsspezifisch betrachtet werden muss.

In der Literatur der letzten Jahre finden sich Forschungen bezüglich der Thematik „Lernen aus Fehlern" in verschiedensten Branchen (Medizin, Bankenwesen,

Dienstleistungsbetriebe), die unterschiedliche Zusammenhänge mit förderlichen oder hemmenden Kriterien aufzeigen. Eine Überleitung dieser Ergebnisse in die Praxis scheint jedoch schwer zu bewerkstelligen sein und ist jedenfalls organisationsspezifisch individuelle Herausforderung.

Klar ersichtlich ist die Bedingung des Wissens um die aktuelle Fehlerkultur der Organisation für jegliche Art von zugehörigem Wandel. Was wird als Fehler betrachtet? Wie werden Fehler unternehmensintern wahrgenommen? Welche Maßnahmen werden ergriffen? Erst die Kenntnis der systemimmanenten Fehlersicht und -bewältigung, befähigt zur Einleitung von Veränderungsprozessen. Diesbezüglich wurde die divergente unternehmensinterne Fehlerwahrnehmung zwar bereits beforscht, die Ergebnisse sind jedoch stark unternehmensspezifisch zu betrachten. Ein potentielles zukünftiges Forschungsfeld eröffnet sich hierbei mit der Frage nach zusammenführenden Mediatoren, die eine gemeinsame Fehlersicht begünstigen. Diese Thematik wäre für den Arbeitskontext durchaus von praktischer Relevanz und ergänzt bereits durchgeführte Untersuchungen bezüglich den Fehlerumgang begünstigende Mediatoren.

Diese Erkenntnisse können bei der praktischen Umsetzung einer konstruktiven und lernförderlichen Fehlerkultur unterstützen. Denn neben einer formalen Festschreibung in Grund- und Leitwerten, erfordert diese entsprechend gelebte Handlungen aller Organisationsmitglieder. Die sondierte Literatur zeigte m.M.n. diesbezüglich eindeutig, dass hierbei v.a. Führungskräfte gefordert sind. Ihnen obliegt es dabei nicht nur, Methoden und Maßnahmen zu entwickeln und bereitzustellen, sondern sich auch ihrer Vorbildfunktion bewusst zu sein; sie werden diesbezüglich von der gesamten Belegschaft beobachtet und beurteilt - denn warum sollte der Arbeiter am Fließband Fehler eingestehen, wenn der Abteilungsleiter selbst verursachte Probleme nach oben verheimlicht?

Auf Grundlage der hier erhobenen Fakten soll eine zweite Arbeit mittels empirischer Erhebung der Fehlerkultur in einem mittelständischen Unternehmen des Dienstleistungsgewerbes weitere Aufschlüsse über Bedeutung und Verantwortung von Führungskräften hinsichtlich Bereitschaft aus Fehlern zu lernen geben.

Abbildungsverzeichnis:

Literaturverzeichnis:

Argyris Chris (1999). *On organizational Learning.* Oxford: Blackwell Publishers.

BauInfoConsult GmbH (2011). *Pressemitteilung - Fehlerkosten am Bau: Wie man 6 Milliarden Euro einspart.* Internet: www.bauinfoconsult.de/Default.aspx?PageNode=383&PageID=1829 [Abruf am 01.01.2012]

AWE (2005). *Assessing Women in Engineering Project 2005. Attribution Theory.* Internet: www.engr.psu.edu/awe/misc/ARPs/AttributionWeb_03_22_05.pdf [Abruf am 29.12.2011]

Baer Markus, Frese Michael (2003). *Innovation is not enough: climates for initiative and psychological safety, process innovations, and firm performance.* IJournal of Organizational Behavior, 24, S.45-68.

Bauer Johannes, Festner Dagmar, Harteis Christian, Gruber Hans (2003). *Fehlerorientierung im betrieblichen Arbeitsalltag. Ein Vergleich zwischen Führungskräften und Beschäftigten ohne Führungsfunktion (Forschungsbericht Nr.5).* Universität Regensburg, Institut für Pädagogik.

Bauer, Johannes (2004). *Fehlerkultur und epistemische Überzeugungen als Einflussfaktoren individuellen Kompetenzerwerbs am Arbeitsplatz.* In Gruber Hans, Harteis Christian, Heid Helmut, Meier Bettina. Kapital und Kompetenz . Veränderungen der Arbeitswelt und ihre Auswirkungen aus erziehungswissenschaftlicher Sicht (S. 59-75). Wiesbaden: VS Verlag.

Bauer Johannes, Gartmeier Martin, Harteis Christian (2010). *Lernen aus Fehlern im Arbeitskontext: Lernprozesse, Lernergebnisse und förderliche Bedingungen.* Wirtschaftspsychologie, IV 2010, S.7-16.

Brandl Peter Klaus (2010). *Crash-Kommunikation: Warum Piloten versagen und Manager Fehler machen.* Offenbach: Gabal.

Cerwinka Gabriele (2001). *Umgang mit Angst und Schuld bei Fehlern.* Internet: www.hrweb.at/2011/01/umgang-mit-angst-und-schuld-bei-fehlern [Abruf am 28.09.2011]

Duden Online (2011). *Fehler, der.* Internet: www.duden.de/rechtschreibung/Fehler [Abruf am 05.12.2011]

Edmondson Amy (2011). *Die Kunst zu lernen.* Harvard Business Manager, 2011, Spezial: Aus Fehler lernen, S.28-39.

Eigenstetter Monika, Löhr Albert, Driesel Nicole (2007). *Ethik in Unternehmen: Zusammenhänge mit Innovatonsklima und Fehlerkultur.* Internet: static.dgfp.de/assets/publikationen/2007/06/ethik-in-unternehmen-zusammenhaenge-mit-innovationsklima-und-fehlerkultur-ergebnisse-einer-befragung-1364/ethik.pdf [Abruf 04.01.2011]

Frese Michael, Irmer Caren & Prümper Jochen (1991). *Das Konzept Fehlermanagement: Eine Strategie des Umgangs mit Handlungsfehlern in der Mensch-Computer Interaktion.* In: Frese M., Kasten C., Skarpelis C. & Zang-Scheucher B. Software für die Arbeit von morgen. Bilanzen und Perspektiven anwendungsorientierter Forschung (S.241-251). Berlin: Springer.

Frese Michael, Zapf Dieter (1994). *Action as the Core of Work Psychology: A German Approach.* In: Triandis H.C., Dunnette M.D. & Hough L.M. Handbook of Industrial and Organizational Psychologie, Vol.4 (S.271-340). Palo Alto, CA: Consulting Psychologists Press.

Frese Michael (2005). *Nur wenn das Klima stimmt, kann eine Firma profitabel sein. Forschungsergebnisse aus der Arbeits- und Organisationspsychologie zu Fehlermanagement und Eigeninitiative - Publikation im Journal of Applied Psychology.* Pressemitteilung der Justus-Liebig-Universität Gießen. Internet: idw-online.de/de/news140623 [Abruf 04.01.2012]

Gartmeier Martin, Gruber Hans, Heid Helmut (2010) *Tracing error-related knowledge in interview data: Negative knowledge in elder care nursing (Research Report No.46).* Regensburg: University of Regensburg, Dept. Prof. Dr. Hans Gruber.

Glazinski Rolf, Wiedensohler Ralph (2004). *Patientensicherheit und Fehlerkultur im Gesundheitswesen: Fehlermanagement als interdisziplinäre Aufgabe in der Patientenversorgung.* Eschborn: Dr. Dr. Rolf Glazinski.

Grosse-Halbuer Andreas (2006). *Wunderbares Rohmaterial - Michael Frese im Interview.* In: Wirtschaftswoche Internet: www.wiwo.de/unternehmen/michael-frese-im-interview-wunderbares-rohmaterial/5057932.html [Abruf am 14.12.2011]

Hacker Winfried (1998). *Allgemeine Arbeitspsychologie: psychische Regulation von Arbeitstätigkeiten.* Bern: Huber.

Harteis Christian, Bauer Johannes, Festner Dagmar, Gruber Hans, Heid Helmut (2005). *Learning from mistakes. An interview-study in German enterprises (Research Report No.14).* Regensburg: University of Regensburg, Dept. Prof. Hans Gruber. Paper presented at the 86th Annual Meeting of the American Educational Research Association. Montreal, Canada.

Harteis Christian, Bauer Johannes, Heid Helmut (2006). *Der Umgang mit Fehlern als Merkmal betrieblicher Fehlerkultur und Voraussetzung für Professional Learning.* Schweizerische Zeitschrift für Bildungswissenschaften, 28/2006, S.111-129.

Harteis Christian, Bauer Johannes, Gruber Hans (2008). The culture of learning from mistakes: How employees handle mistakes in everyday work (Research Report No.31). Regensburg: University of Regensburg, Dept. Prof. Hans Gruber. International Journal of Educational Research, 47(4), S.223-231.

Hartmann Dorothea, Brentel Helmut, Holger Rohn (2006). *Lern- und Innovationsfähigkeit von Unternehmen und Organisationen - Kriterien und Indikatoren.* Wuppertal: Wuppertal Institut für Klima, Umwelt, Energie GmbH.

Hetzner Stefanie, Gartmeier Martin, Heid Helmut, Gruber Hans (2010). *Fehlerorientierung und Eigeninitiative im Bankensektor (Forschungsbericht Nr.40).* Regensburg: Universität Regensburg, Lehrstuhl für Lehr-Lern-Forschung. Zeitschrift für Arbeits- und Organisationspsychologie, 53, S.149-162.

41

Hetzner Stefanie, Gartmeier Martin, Heid Helmut, Gruber Hans (2011). *Error orientation and reflection at work (Research Report No.54)*. Regensburg: University of Regensburg, Dept. Prof. Dr. Hans Gruber. In: Vocations and Learning, 401/2011, S.25-39.

Homsma Gert, Van Dyck Cathy, De Gilder Dick, Koopman Paul, Elfring Tom (2007). *Overcoming errors: A closer look at the attributional mechanism.* Journal of Business and Psychology, Vol.21, No.4, 2007, S.559-583.

Keith Nina, Frese Michael (2008). *Effectiveness of Error Management Training: A Meta-Analysis.* Journal of Applied Psychology, 2008, Vol.93, No.1, S.59-69.

Kluge Annette, Schilling Jan, Putz Daniel (2010). *Organisationales Klima für ein Lernen aus Fehlern: Die Rolle von charismatisch-zielorientierter und aktivierender Führung.* Wirtschaftspsychologie, IV 2010, S.29-40.

Kolodner Janet (1983). *Towards an understanding of the role of experience in the evolution from novice to expert.* International Journal of Man-Machine Studies, 19, S.497-518.

Mindnich Anja, Wuttke Eveline, Seifried Jürgen (2008). *Aus Fehlern wird man klug? Eine Pilotstudie zur Typisierung von Fehlern und Fehlersituationen.* In: Lankes Eva-Maria. Pädagogische Professionalität als Gegenstand empirischer Forschung (S.153-164). Münster: Waxmann.

Mistele Peter (2007). *Faktoren des verlässlichen Handelns. Leistungspotentiale von Organisationen in Hochrisikoumwelten.* Wiesbaden: Deutscher Universitätsverlag.

Narciss Susanne (2005). *Informatives tutorielles Feedback.* Münster: Waxmann

Oser Fritz, Hascher Tina, Spychinger Maria (1999). *Lernen aus Fehlern. Zur Psychologie des „negativen" Wissens.* In: Althof Wolfgang. Fehlerwelten. Vom Fehlermachen und Lernen aus Fehlern (S.11-42). Opladen: Leske+Budrich.

Oser Fritz Spychinger Maria (2005). *Lernen ist schmerzhaft. Zur Theorie des negativen Wissens und zur Praxis der Fehlerkultur.* Basel: Beltz.

Prümper Jochen (1991). *Handlungsfehler und Expertise.* In: Frese Michael & Zapf Dieter. Fehler bei der Arbeit mit dem Computer - Ergebnisse von Beobachtungen und Befragungen im Bürobereich (S.118-130). Bern: Huber.

Prümper Jochen, Zapf Dieter, Brodbeck Felix, Frese Michael (1992). *Some surprising differences between novice and expert errors in computerized office work.* Behavior & Information Technology, 1992, Vol.11, No.6, S.319-328.

Putz Daniel, Schilling Jan, Kluge Annette, Stangenberg Constanze (2009). *OLAF - Fragebogen zur Erfassung des organisationalen Klimas für Lernen aus Fehlern.* In: Sarges Werner, Wottawa Heinrich, Roos Christian (2010) Handbuch wirtschaftspsychologischer Testverfahren. Band 2: Organisationspsychologische Instrumente. Lengerich: Pabst.

Reason James (2000). *Human error: models and management.* British Medical Journal, 2000, 320, S.768-770.

Rybowiak Volker, Garst Harry, Frese Michael, Batinic Bernard (1999). *Error Orientation Questionnaire (EOQ): reliability, validity and different language equivalence.* Journal of Organizational Behavior, 1999, 20, S.527-547.

Schüttelkopf Elke M. (2008). *Erfolgsstrategie Fehlerkultur.* In: Ebner Gabriele, Heimerl Peter, Schüttelkopf Elke. Fehler - Lernen - Unternehmen. Frankfurt: Lang

Schüttelkopf Elke (2009). *Fehler. Kultur. Gut.* Sichere Arbeit, 3/2009, S.13-15.

Seifried Jürgen, Baumgartner Alexander (2009). *Lernen aus Fehlern in der betrieblichen Ausbildung - Problemfeld und möglicher Forschungszugang.* bwp@ Berufs- und Wirtschaftspädagogik online, 17/2009, Internet: www.bwpat.de/content/ausgabe/17/seifried-baumgartner/ [Abruf am 10.11.2011]

Seifried Jürgen, Wuttke Eveline (2010). *„Professionelle Fehlerkompetenz" - Operationalisierung einer vernachlässigten Kompetenzfacette von (angehenden) Lehrkräften.* Wirtschaftspsychologie, IV 2010, S.17-28.

Selan Eva (2010). *Fehlerkultur heißt auch Lernkultur (hoffentlich!).* Training, 5/2010, S. 58-62.

Staender Sven (2001). *"Incident Reporting" als Instrument zur Fehleranalyse in der Medizin.* Z.ärztl.Fortbild.Qual.sich.(ZaeFQ), 2001, 95, S.479-484. Internet: www.cirs.ch/zaefqdef.PDF [Abruf am 12.12.2011]

Stegmann Wolfgang (2000). *Die Macht der Angst.* In: Badura Bernhard, Litsch Martin, Vetter Christian. Fehlzeiten-Report 1999. Psychische Belastung am Arbeitsplatz (S.129-141). Berlin: Springer.

Stollfuß Martin, Sieweke Jost, Mohe Michael, Gruber Hans (2011). *The culture Exploring professional service firms' dealing with errors (Research Report No.52).* Regensburg: University of Regensburg, Dept. Prof. Dr. Hans Gruber. Will be published in: Reihlen Markus, Werr Andreas, Handbook of research on entrepreneurship in professional services. Cheltenham: Elgar.

Toyota (2011). *Toyota Produktionssystem.* Internet: www.toyota-forklifts.at/De/company/Toyota-Production-System/Pages/default.aspx [Abruf am 05.01.2012]

Van Dyck Cathy, Frese Michael, Baer Markus, Sonnentag Sabine (2005). *Organizational Error Management Culture and its Impact on Performance: A Two-Study Replication.* Journal of Applied Psychology, 2005, Vol.90, No.6, S.1228-1240.

Weick Karl, Sutcliffe Kathleen (2010). *Das Unerwartete managen. Wie Unternehmen aus Extremsituationen lernen.* Stuttgart: Schäffer-Poeschel.

Weingardt Martin (2004). *Fehler zeichnen uns aus - Transdisziplinäre Grundlagen zur Theorie und Produktivität des Fehlers in Schule und Arbeitswelt.* Bad Heilbrunn/Obb: Julius Klinkhardt.

Wild Elke, Möller Jens (2009). *Pädagogische Psychologie.* Heidelberg: Springer Medizin.

Zapf Dieter, Frese Michael, Brodbeck Felix (1999). *Fehler und Fehlermanagement.* In: Frey D., Graf Hoyos C., Stahlberg D. Arbeits- und Organisationspsychologie (S.398-411). Weinheim: Beltz.

Zapf Dieter, Brodbeck Felix, Prümper Jochen (1989). *Handlungsorientierte Fehlertaxonomie in der Mensch-Computer Interaktion.* Zeitschrift für Arbeits- und Organisationspsychologie, 33, S.178-187.